Kestler · Darauf brennen, das Gute zu tun

Joachim Kestler

Darauf brennen, das Gute zu tun

Predigten zu den Hochfesten
und zu besonderen Anlässen

echter

Die Deutsche Bibliothek – CIP-Einheitsaufnahme

Kestler, Joachim:
Darauf brennen, das Gute zu tun : Predigten zu den Hochfesten
und zu besonderen Anlässen /
Joachim Kestler. – Würzburg : Echter, 1993
ISBN 3-429-01498-0

Mitglied der Verlagsgruppe »engagement«

Umschlag: Ernst Loew
Gesamtherstellung: Echter Würzburg
Fränkische Gesellschaftsdruckerei und Verlag GmbH
ISBN 3-429-01498-0

Inhalt

Vorwort

»Man muß die Feste feiern, wie sie fallen«, lautet ein Satz im Volksmund. »Des einen Freud, des andern Leid«, denke ich mir im stillen dabei. Denn was für den einen willkommene Unterbrechung des Arbeitsalltags ist, das bedeutet für mich eine geballte Ladung Arbeit: die Feiertage.

Das Kirchenjahr hält eine Menge an Festen für uns bereit. Von der Geburt Christi über sein Leiden und Auferstehen bis Allerheiligen spannt sich der Bogen. Das ganze menschliche Leben ist darin beschlossen – von der Wiege bis zur Bahre. So feiern wir in den Herrenfesten zugleich unser eigenes Leben, Leiden, Sterben und Auferstehen mit; glauben wir doch, daß *Er* uns in allem gleich wurde, außer der Sünde.

Es finden sich Feste und Feiertage, die ganz und gar dem religiösen Empfinden und Sehnen des Volkes entsprungen sind: die Bittage beispielsweise oder das Fronleichnamsfest. Es finden sich ausgesprochen theologische Feste darunter: der Dreifaltigkeitssonntag oder Christkönig. Mir als Prediger stellen diese Feste immer wieder eine dreifache Frage:

1. *Was* soll ich denn dazu noch sagen? Und vor allem: jedes Jahr! Im übrigen Kirchenjahr beginnt der Reigen der Schriftlesungen ja erst alle drei Jahre wieder von vorn. Aber an jedem Weihnachtsfest beispielsweise werden dieselben Texte gelesen. Tritt da nicht der Gewöhnungseffekt ein? Man weiß doch längst schon, was kommt ...

Gut – die Erwartungen der Hörer an die Predigt mögen unterschiedlich sein (sofern sie überhaupt welche haben): zu Weihnachten festlich gestimmt, als leichtes Dessert zu Karpfen oder Gans, zu Ostern tröstlich und aufbauend nach so viel Grausamkeit an den Kartagen ...

Soll ich als Prediger diese Erwartungen erfüllen? Darf ich das überhaupt; den Leuten nach dem Mund reden? Oder habe ich gerade an solchen Hochfesten mehr als sonst den

Auftrag, mich konsequent an den Texten bzw. an der Intention des Festes auszurichten?
So kommt bereits die zweite Schwierigkeit hinzu:
Da finden sich Predigten, die anhand eines Gegenstandes die Botschaft der Heiligen Schrift erklären; da gibt es Predigten, die einen markanten Spruch als Leitmotiv haben oder ein Kirchenlied; Predigten, die ein Bild meditieren oder – ohne Schriftbezug – das Festgeheimnis erhellen wollen. In einigen Fällen habe ich mir erlaubt, Texte auszuwählen, die nicht der Leseordnung entsprechen, dem Festgeheimnis jedoch sehr nahestehen (Aschermittwoch, Ostern).
2. *Wie* soll ich es sagen? Ein Anzeichen für diese Schwierigkeit ist sicherlich die methodische Vielfalt, die in diesem Band steckt. Vielleicht gilt in all diesen Fällen die Aufforderung eines neuen geistlichen Liedes besonders: »Sucht neue Worte, das Wort zu verkünden ...«
Und schließlich das dritte Problem:
3. *Wem* soll ich es sagen? Gerade an den Hochfesten tauchen ja (leider oder Gott sei Dank) auch die Christen auf, die das ganze Jahr nicht zu sehen sind – jedenfalls nicht in der Kirche. Predige ich heute speziell für sie? Dann unterfordere ich wahrscheinlich diejenigen, die sich häufiger zum Gottesdienst einfinden und sich öfter Gedanken über ihr Leben und seine Deutung aus dem Glauben machen. Predige ich nicht für sie, bin ich womöglich in der Gefahr, sie so zu überfordern, daß sie das nächste Jahr nicht mehr kommen. Das Dilemma der Volkskirche! Ich habe selber keine Patentlösung für diese Probleme, sondern kämpfe jedesmal neu damit.
Wegen der Schwierigkeit, *was* ich sagen soll, finden sich in diesem Band in größerer Zahl Anleihen bei anderen Autoren; Ideen, markante Sätze, die mich inspiriert haben. Mit manchen Festen tue ich mir eben selber sehr schwer ...
Die Frage, *wie* und *wem* ich es sage, beantworte ich von mir her. Ich versuche, das zu sagen, was mich persönlich bewegt. Das können recht individuelle Zugänge sein, eigene

Erfahrungen, theologische Fragen oder auch allgemeine Themen.
Die vorliegenden Predigten sind als Versuche zu sehen, die Feste des Kirchenjahres den Menschen nahezubringen, die sich auf die Botschaft dieser Feste einlassen wollen. Ob es gelungen ist, weiß ich nicht. Manchmal kann ich nur mit Jesus hoffen: »Wer es fassen kann, der fasse es.«

Würzburg, am Fest des »ungläubigen Thomas« –
oder besser: am Fest Thomas', des gläubigen Zweiflers.

Joachim Kestler

Heiliger Abend

Tit 2, 11–14

Wenn ich mir die ganze Weihnachtsgeschichte anschaue, dann sieht es – nach menschlichem Ermessen jedenfalls – so aus, als sei Jesus unter keinem guten Stern geboren. Seine Geburt fällt mitten in die Hektik einer Volkszählung, seine Eltern müssen weg von zu Hause, er kommt in totaler Armut zur Welt, nach seiner Geburt beginnt schon die Verfolgung und die Flucht ...

Von Anfang an bleibt ihm nichts erspart. Und wenn wir an sein Ende am Kreuz denken, dann blieb ihm wirklich nichts erspart. Aber Gott macht keine halben Sachen.

Wenn Gott Mensch wird, dann wird er es ganz – mit allem, was dazugehört. Jesus ist wahrer Gott – und wahrer Mensch. Der einzig wahre, können wir sagen. Denn er war ganz und gar aufrichtig und konsequent Mensch.

Aber wieso ist er überhaupt Mensch geworden? Hätte Gott uns nicht auch auf andere Weise erlösen können?

Ich möchte diese Frage einmal umkehren: Was hätten wir von einem Gott, der uns nur von ferne zuschaut, wie wir uns mit dem Leben abplagen? – Ich kann mir keinen anderen Weg vorstellen, wie Erlösung sonst geschehen sollte. Kann denn Gott tiefer und besser zeigen, daß er auf unserer Seite steht, als dadurch, daß er einer von uns wird? Kann er denn deutlicher zeigen, daß er an unserem Leben und an unseren Leiden mitträgt, als dadurch, daß er selbst mit uns lebt und mit uns leidet?

Schon im Alten Testament sagt Gott: »Ich habe das Flehen meines Volkes gehört. Ich kenne seine Leiden.«

Oft fragen die Menschen ja angesichts des Leids: »Wie kann Gott das zulassen?« Diese Frage können wir nicht beantworten, und auch Jesus hat sie nicht beantwortet. Aber er hat

durch seine Geburt, sein Leben und Sterben eine viel wichtigere Antwort gegeben: »Gott läßt euch nicht allein! Er kennt eure Leiden nicht nur, sondern leidet sie mit euch und für euch.« – *Das ist Erlösung!*
Gott macht keine halben Sachen. In der Geburt Jesu wird er solidarisch mit uns. Und an Jesus, dem einzig wahren Menschen, können wir ablesen, wie wahres Menschsein aussieht: das heißt eben mit-leben und mit-fühlen.
Titus schreibt in seinem Brief: »Er hat sich für uns hingegeben, um uns von aller Gesetzlosigkeit loszukaufen uns sich ein reines Volk zu erschaffen, das ihm gehört und darauf brennt, das Gute zu tun.« Und im Hochgebet der Messe heißt es: »Damit wir nicht mehr uns selber leben, sondern ihm, der für uns gestorben und auferstanden ist, hat er als erste Gabe für alle, die glauben, den Heiligen Geist gesandt, der sein Werk auf Erden weiterführt und alle Heiligung vollendet.«
Da steht's. Nicht mehr für uns selber sollen wir leben, sondern für ihn. Denn Gott ist auch nicht für sich selbst in seiner ewigen Glückseligkeit geblieben, sondern ist ganz und gar Mensch geworden – für uns.
Gott macht keine halben Sachen. Weihnachten heißt Solidarität – das sagen jedenfalls die Menschen in Lateinamerika. Sie verstehen das vielleicht besser als wir. Aber auch für uns heißt Weihnachten Solidarität. Keine halben Sachen. Wenn wir an Weihnachten unser Adveniatopfer für die Christen in Lateinamerika geben, dann heißt das Solidarität. Wenn wir an Weihnachten anderen schreiben oder sie einladen, sie beschenken und besuchen, dann heißt das Solidarität.
Nur: das ist erst der erste Schritt in die richtige Richtung. Warum ist denn eigentlich nach den Weihnachtsfeiertagen diese Solidarität oft wieder vorbei?
Gott macht keine halben Sachen. Machen wir es ihm nach. Folgen wir ihm nach als ein Volk, das ganz ihm gehört und das darauf brennt, das Gute zu tun!

Heiliger Abend

Weihnachtslied: Lobt Gott, ihr Christen

Am meisten tun mir in der Vorweihnachtszeit immer die Verkäuferinnen und Verkäufer leid. Sie haben nicht nur mehr Kunden zu bedienen als sonst, sondern sie müssen auch immer noch freundlich lächelnd fragen: »Dürfen wir es als Geschenk einpacken?«
Ich frage mich: Wird denn etwas erst dadurch zum Geschenk, wenn ich es in Geschenkpapier einwickle? Wozu dient eigentlich die Verpackung?

- Ich glaube, manche Sachen packen wir deshalb ein, damit sie nach etwas aussehen. Etwas an sich Unscheinbares sieht nach mehr aus, als es ist.
- Manche Sachen verbergen wir hinter dem Geschenkpapier. Man soll nicht gleich sehen, was es ist.
- Und schließlich ermöglicht das Geschenkpapier auch eine gewisse Distanz. Während der andere sein Geschenk auspackt, kann ich mich erst einmal zurückziehen, beobachten und abwarten, ob der Beschenkte froh oder enttäuscht reagiert.
- Und außerdem gehört es sich doch so, oder ? Wer drückt dem anderen schon eine Schallplatte, ein Hemd, eine Uhr oder eine Krawatte einfach so in die Hand und sagt: Hier, das ist für dich!

Gott macht es sich da viel einfacher. »Er schenkt uns seinen Sohn«, heißt es im Weihnachtslied. Er schenkt uns seinen Sohn – einfach so: elend, nackt und bloß, niedrig und gering. Entäußert von allem Äußerlichen, liegt er in der Krippe. Gott fragt nicht: »Soll ich ihn euch als Geschenk einpacken?« – er schenkt ihn uns pur: als einfachen, nackten Menschen.

In drei Tagen geht es in den Geschäften wieder rund – vielleicht noch schlimmer als vor Weihnachten. Denn dann kommen all die unzufriedenen Leute, die ihre Geschenke umtauschen wollen.
Für manchen mag Jesus auch so ein Geschenk sein, mit dem man nichts anfangen kann. Ein Geschenk, das unbeachtet links liegengelassen wird. Trotzdem kann man Jesus nicht umtauschen. Man kann ihn Gott nicht zurückgeben und sagen: Ich möchte lieber etwas anderes dafür. Jesus ist eher ein Geschenk, das mich herausfordert, mich langsam mit ihm zu befassen und allmählich mit ihm anzufreunden.
Vielleicht hilft es uns weiter, wenn wir einmal fragen, mit welcher Absicht wir uns eigentlich Dinge zu Weihnachten schenken.

- Schenke ich dir etwas aus Liebe und Freundschaft?
- Schenke ich dir etwas, damit du an mich denkst?
- Schenke ich dir etwas, damit du eine Freude hast?
- Schenke ich dir etwas, damit dein Wunsch endlich in Erfüllung geht?
- Schenke ich dir etwas, was du brauchen kannst?

Ist das alles nicht genauso Gottes Absicht, wenn er uns Jesus schenkt – aus Liebe und Freundschaft, damit wir an ihn denken, damit wir Freude haben, damit unser Wunsch endlich in Erfüllung geht, damit wir einen Freund haben, den wir brauchen können?
Es gibt allerdings Leute, die sagen: »Mir brauchst du doch nichts zu schenken, ich habe doch schon alles!« Gehören wir auch dazu?
Dann wäre es für Gott sehr schwierig, uns zu Weihnachten zu beschenken. Denn wie soll man jemandem, der keine Wünsche hat, einen Wunsch erfüllen? Wie soll man jemandem, der auf nichts gewartet hat, eine Erwartung erfüllen?
Vielleicht aber wartet doch jeder von uns. Zwar nicht auf schön verpackte Gegenstände, sondern auf die direkte Begegnung mit einem lebendigen Menschen?

Dann wäre das Kind in der Krippe wirklich der beste Ausdruck der Liebe Gottes zu uns:

- Er schenkt uns seinen Sohn, damit wir uns mit ihm anfreunden, ihm vertrauen und uns von ihm führen lassen.
- Er schenkt uns seinen Sohn, weil er es gut mit uns meint.
- Er schenkt uns seinen Sohn, der uns den Weg zu Gott zeigt und uns lehrt, wie unser Leben gelingen kann.

Können wir dieses Geschenk Gottes ausschlagen? Können wir angesichts eines solchen Geschenks wirklich noch sagen: »Ich brauche doch nichts, ich habe schon alles«?

1. Weihnachtsfeiertag

Joh 1, 1–18

Jeder von uns kennt den Anfang der Bibel: »Im Anfang schuf Gott Himmel und Erde ...«, und dann folgt die Aufzählung der einzelnen Schöpfungstage. Immer wieder heißt es da: »Gott sprach: Es werde ... Licht, Pflanzen, Tiere, der Mensch. Und es wurde ... Licht, Pflanzen, Tiere, der Mensch.«

Gott spricht – und es wird, es geschieht. Das ist ein ganz wichtiger Wesenszug Gottes. Das, was er sagt, wird Wirklichkeit. Gott macht keine leeren Worte.

Genau das will Johannes sagen, wenn er sein Evangelium anfängt wie einen Schöpfungsbericht: »Im Anfang war das Wort«. Er will sagen, mit Weihnachten beginnt Gott noch einmal von vorn mit den Menschen. Gott spricht – und alles wird. Gott spricht – und das Wort wird Wirklichkeit. Das Wort wird Fleisch. Gott spricht – und Jesus wird Mensch.

Das Wort wird Fleisch. Welches Wort denn? – Ich denke da an das Wort *Jahwe*, den Namen Gottes. Er heißt: *Ich bin für euch da.* Dieser Name bleibt nicht nur ein leeres Wort. Dieser Name bekommt Hand und Fuß, dieses Wort wird Fleisch – Jesus Christus. *Jesus* – das heißt übersetzt: »Jahwe ist Heil«.

Wenn wir das Leben dieses Jesus anschauen, dann stimmt das. Sein ganzes Leben verwirklicht dieses Wort: »Jahwe ist Heil«. So etwas kann nur Gott, daß alles, was er sagt, ganz und gar Wirklichkeit wird.

Wir sind nicht Gott, wir sind nur Menschen. Aber können wir uns nicht wenigstens darum bemühen, daß unsere Worte »Fleisch werden«? Daß aus unseren Worten etwas mit Hand und Fuß wird? Können wir uns nicht darum bemühen, daß wir wirklich hinter dem stehen, was wir sagen?

Denken wir nur einmal an all das, was wir in diesen Tagen wünschen:
Wir wünschen »Frohe Weihnachten«. Der Wunsch kommt schnell von den Lippen. Aber tun wir auch etwas dafür, daß die Menschen in unserem Dorf, in unserer Familie frohe Weihnachten erleben?
Wollen wir alten, einsamen Menschen wirklich eine Freude bereiten, wenn wir sie besuchen – oder ist das für uns nur eine lästige Pflicht? »Frohe Weihnachten« – wird dieses Wort durch uns Fleisch?
Bald wünschen wir jedem ein »gutes neues Jahr«. Können wir das so einfach wünschen – und dann den anderen das ganze Jahr über genauso links liegenlassen wie bisher? Können wir einander ein gutes neues Jahr wünschen – und uns das Leben genauso schwer machen wie bisher? Wie wird dieses Wort Fleisch, wie bekommt es Hand und Fuß?
Viele Menschen wünschen aufrichtig Frieden, doch ihr Verhalten ist das genaue Gegenteil davon.
Viele wünschen sich ehrlich, daß niemand mehr verhungert, aber sie sind selbst nicht bereit, auf irgendwelche materiellen Vorteile zu verzichten. Das Hemd ist einem halt doch näher als der Rock ...
Wir wünschen Kranken »gute Besserung« – aber wie soll es ihnen besser gehen, wenn sich keiner blicken läßt, der Zeit für sie hat?
Das Wort wird Fleisch – auch durch uns! Oder es bleibt leeres Gerede, hinter dem nichts steht. Und das nennen wir Lüge.
Das Wort Gottes bleibt kein leeres Versprechen, ist keine Lüge. Das Wort Gottes wird Fleisch, wird Mensch. In diesem Menschen zeigt sich die Gnade Gottes und seine Zuwendung. Wie es der Name Gottes sagt: *Ich bin für euch da ... Jahwe ist Heil.*
Dieses Wort ist Wahrheit. In Jesus ist es in Erfüllung gegangen. Darum sagt Johannes: »In ihm haben wir die Herrlichkeit Gottes gesehen – voll Gnade und Wahrheit!«

Ich wünsche mir eigentlich, daß es immer mehr Menschen gibt, die das versuchen; deren Worte Hand und Fuß haben, die das leben und verwirklichen, was sie reden.
Worte allein können nicht viel ändern. Aber Menschen, die hinter ihren Worten stehen, die können etwas ändern.
An Weihnachten feiern wir das Glaubensgeheimnis, daß das Wort Gottes Fleisch angenommen hat in Jesus und unter uns gewohnt hat. Das ist wahrhaftig ein Grund zum Freuen. Es ist aber auch Anlaß, darum zu bitten, daß das kein einmaliges Ereignis bleibt. Denn Weihnachten kann es immer wieder werden – durch uns: Wenn wir versuchen, durch unser Leben dem Evangelium Hand und Fuß zu geben.

1. Weihnachtsfeiertag

Joh 1, 1–18

Man sagt vor wichtigen Entscheidungen manchmal: »Da muß ich erst mal drüber schlafen.« Man sagt es auch nach Erlebnissen, die einen stark aufgewühlt haben, die einen betroffen machen oder nachhaltig beeinflussen: »Das war jetzt so viel – da muß ich erst mal drüber schlafen.«
Mit dem Weihnachtsgeschehen ist es ähnlich. Das ist so überwältigend, das ist so umwerfend, das versteht man nicht auf Anhieb. Da muß man erst mal drüber schlafen.
Heute nacht haben wir das Weihnachtsevangelium nach Lukas gehört. Ganz anschaulich schildert er uns die Ereignisse von Betlehem. Man kann sich das alles so gut vorstellen, als wäre man selber dabeigewesen. Das ist auch seine Absicht. Er möchte ja, daß ich mich wenigstens in Gedanken auch zur Krippe hinbegebe.
Inzwischen haben wir darüber geschlafen. Und jetzt, am ersten Feiertag, hören wir ein ganz anderes Evangelium. Es ist gewissermaßen ein Nachdenken über das, was ich erlebt und gesehen habe. Was bedeutet das, was wir heute nacht erlebt haben, eigentlich? Was soll das? Was ist dadurch anders geworden? Johannes sagt: Alles ist anders geworden. Die Geburt Jesu ist so einschneidend, daß eigentlich alles noch einmal von vorne beginnt. Und darum erzählt er vom Anfang: von der Erschaffung der Welt durch das Wort Gottes. Und dieses Wort Gottes ist Jesus. Er erzählt davon, daß alles auf die *Mensch*werdung von Gottes Wort hinausläuft – alle Propheten bis hin zu Johannes dem Täufer waren die Vorboten.
So macht das heutige Weihnachtsevangelium deutlich:
Jesus ist Gottes Wort. Er ist das erste Wort. Und er ist Gottes letztes Wort. Schöner, deutlicher, einladender konnte

Gott sich uns nicht mehr offenbaren als in seinem Sohn. In Jesus hat Gott sein letztes Wort zu den Menschen gesprochen, sein letztes großes Heilsangebot gemacht. Jesus ist Gottes Vermächtnis an uns, sein letztes Wort, sein letzter Wille, sein »Neues Testament«. Dieses Angebot gilt bis heute, und zu diesem Wort steht Gott bis heute. Durch alle Jahrhunderte waren die Menschen aufgefordert, auf dieses Angebot einzugehen, auf dieses Wort zu ant-worten.
Mit Jesus hat Gott noch einmal einen neuen Anfang gemacht mit der Welt und mit dem Menschen. Wir spüren es heute noch, weil die Menschen angefangen haben, neu zu zählen. Man zählt die Zeit seit Christi Geburt. Denn Jesus ist der neue Anfang. Jesus ist der Anfang einer Zeit, in der die Menschen deutlicher als je zuvor erfahren, wer und wie Gott ist. An Jesus, Gottes Sohn, können wir es ablesen. Darum gilt Jesus für uns als das Licht, als die Erleuchtung.
Jesus ist der neue Anfang – der Anfang vom Ende. Denn die Zeit, in der wir leben, ist nur noch die Zwischenzeit bis zu seinem Wiederkommen. Und wenn er wiederkommt, dann ist die Zeit dieser Welt abgelaufen. Dann gibt es noch einmal einen Anfang – den Anfang der Ewigkeit.
Das feiern wir an Weihnachten. Die Geburt Jesu ist die Geburtsstunde einer neuen Zeit. Der Anfang vom Ende – aber nicht von einem Ende mit Schrecken, sondern vom Ende aller Ungerechtigkeiten, allen Leidens und aller Sünde. Wir feiern die Geburtsstunde des Retters, der die Welt als ganze und jeden einzelnen von uns erlösen kann und will.

2. Weihnachtsfeiertag

Apg 6, 8–10; 7, 54–60

Es gibt ein Sprichwort, das sagt: »Jedes Ding hat zwei Seiten.« So ist das anscheinend auch mit Weihnachten. Ich habe mich immer wieder gefragt, wieso ausgerechnet am zweiten Weihnachtsfeiertag das Fest des heiligen Stephanus gefeiert wird. Wir sind noch mitten in der Weihnachtsstimmung – und da schreckt uns der Bericht von der Steinigung des Stephanus auf.

Aber vielleicht hat dieses Fest des ersten Blutzeugen gerade hier seinen eigentlichen Platz. Mir scheint nämlich, daß es in unserer Welt oft genauso ist, wie es die Lesungen der beiden Weihnachtsfeiertage widerspiegeln.

Die Weihnachtslieder sind noch nicht verklungen, da melden die Nachrichten schon wieder Bürgerkriege, Unruhen, Anschläge, Krieg. In der Welt fliegen Bomben und Sprengsätze, Pflastersteine und Molotowcocktails – auf Unschuldige.

Aber muß uns da eigentlich auch die Kirche noch mit einer so unerfreulichen Meldung die Weihnachtsstimmung verderben? Gestern noch feierten wir die Geburt des Erlösers – und heute sollen wir den Märtyrertod des Stephanus feiern? Die Antwort ist hart. Die Kirche tut das zu Recht. Denn Weihnachten ist ein gefährliches Fest. Das Kind in der Krippe ist nicht ohne das Kreuz zu verstehen. Jesus kam nicht nur in die Welt, um die Engel singen und sich friedlich anbeten zu lassen. Er kam in die Welt, um zum Stein des Anstoßes zu werden.

Weihnachten ist ein gefährliches Fest. Die Lesung von der Steinigung des Stephanus zeigt uns das in aller Deutlichkeit. Jesus fordert die Entscheidung. Jesus selbst ist der Eckstein, der Stein des Anstoßes. Und wer sein Leben auf die-

sen Eckstein Jesus Christus baut, der muß Farbe bekennen. Auf den können Steine fliegen. Dem geht es nicht besser als seinem Herrn.
Widerspricht das nicht völlig dem Gesang der Engel in der Heiligen Nacht: »Ehre sei Gott in der Höhe und auf Erden Friede den Menschen seiner Gnade«?
Ich finde da keinen Widerspruch. Denn Jesus ist in die Welt gekommen, um uns zu erlösen und uns den Frieden zu bringen. Wer an ihn glaubt, trägt seinen Frieden in sich. Aber das muß noch nicht heißen, daß er auch in Frieden gelassen wird. Schlimmstenfalls fliegen die Steine. Und es gibt viele Steine, mit denen Menschen andere treffen: Steine verfestigter Vorurteile, Steine aufgestauter Aggressionen, Steine übler Nachrede ...
Weihnachten ist ein gefährliches Fest, ein lebensgefährliches Fest. Denn wer auf Jesus baut, wird selber so wehrlos wie das kleine Kind in der Krippe. Denn wer auf Jesus baut, verzichtet darauf, mit Steinen zurückzuwerfen. Der betet für seine Verfolger. Der wird, weil er sein Leben um Jesu willen verliert, sein eigentliches Leben retten.
In Stephanus stellt uns Lukas einen Menschen vor Augen, der wirklich Ernst macht mit der Botschaft Jesu.
Die Lesung vom Tod des Stephanus ist die Kehrseite der Medaille. Sie zeigt uns die andere Seite von Weihnachten. Wer vor der Krippe niederkniet und kommt, um Jesus anzubeten, der beginnt einen gefährlichen Weg. Mitgegangen, mitgefangen, mitgehangen.
Aber gibt es das eine ohne das andere? Gibt es Anbetung vor der Krippe ohne Zeugnis im Leben? Nein. Und deshalb sagt Jesus uns heute: »Wer bis zum Ende standhaft bleibt, der wird gerettet werden.«

Heilige Familie

Sir 3,2–6.12–14

Wir feiern heute das Fest der Heiligen Familie. Wahrscheinlich wird dieses Fest und die Texte der Heiligen Schrift auf uns alle ganz unterschiedlich wirken. Die einen sehen sich vielleicht in ihrem Bemühen bestätigt, in einer guten, geordneten, warmen Familie zu leben. Auf der anderen Seite gibt es vielleicht auch welche unter uns, für die das Wort »Familie« zum Reizwort geworden ist, die das Fest der »Heiligen Familie« nur noch als hohle Phrase sehen können. So, als hätte die Kirche die Augen geschlossen vor gescheiterten Ehen und vor jungen Menschen, die sich gar nicht mehr zu heiraten trauen, vor alleinerziehenden Müttern und Vätern und vor abgeschobenen Kindern. Wahrscheinlich werden viele von uns beides kennen: die Wirklichkeit von gestörten oder zerstörten Familien und die Sehnsucht nach einer – im wahrsten Sinn des Wortes – heilen Familienwelt. Viele von uns werden daher mit gemischten Gefühlen hier sein. Mir geht es auch so.

Darum möchte ich zunächst versuchen zu erklären, was wir überhaupt meinen, wenn wir von Familie sprechen. Das Idyll der Heiligen Familie, so wie es auf manchen Schlafzimmerdrucken zu sehen ist? Oder die Großform von Familie, wie sie es noch vor 50 Jahren gegeben hat, wo drei, manchmal sogar vier Generationen unter einem Dach oder auf einem Hof gelebt haben? Oder denken wir bei dem Wort »Familie« an unsere heutige Kleinfamilie?

Ich meine, wir müssen zunächst einmal Abschied nehmen von einem Ideal, das es nicht mehr gibt. Die Großfamilie existiert so gut wie nicht mehr. Es hat einen Wandel gegeben mit vielfältigen Ursachen, so daß die Familie heute viel kleiner und privater ist als früher. Dazu kommen noch eine

ganze Reihe äußerer Umstände, die das Familienleben mitunter stark beeinträchtigen:
Man muß heute sehr mobil sein, um überhaupt zur Arbeitsstätte zu kommen. Lange Fahrzeiten sind die Regel. In vielen Familien müssen beide Elternteile arbeiten. Auch die Kinder werden schon frühzeitig zu Pendlern – die Schulwege sind weiter und die Zeiten, in denen sie unterwegs sind, oft sehr lang. Das Freizeitangebot ist gewachsen. Viele Familien leiden unter dem alten Rollendenken, daß Haushalt und Kindererziehung ausschließlich Frauensache sind. Wenn die Frau auch noch arbeiten geht, dann ist das ihre Privatsache ...
Gleichzeitig sind die Erwartungen und Hoffnungen sehr groß, wenigstens in der Familie ein Stück »heile Welt« zu finden. Das aber wird oft verwechselt mit totaler Harmonie. Und auch von diesem Ideal müssen wir Abschied nehmen. Totale Harmonie gibt es nicht. Schon die Ehepaare sind verschieden. Jedes Kind ist anders. Jedes hat seine eigenen Interessen, Meinungen und Vorstellungen. Ein falsches und übersteigertes Harmoniebestreben, das Konflikte erst gar nicht zuläßt, sondern einfach unter den Teppich kehrt, hat dann schon manches Magengeschwür verursacht und manches Faß zum Überlaufen gebracht.
Dazu kommt die viel höhere Lebenserwartung als früher. Also haben auch die verschiedenen Generationen viel länger miteinander zu tun als früher, und auch darin liegt allerhand Zündstoff.
All das gilt es zunächst einmal ganz nüchtern anzuschauen, damit wir die Familie nicht überfordern mit Erwartungen, die gar nicht in Erfüllung gehen können. Allerdings muß man sich umgekehrt auch davor hüten, von der Familie gar nichts mehr zu erwarten, sie nur noch als Zweckverband zu sehen, in dem jeder zusieht, daß er selbst gut durchkommt.
Gegen einen übersteigerten Idealismus und andererseits übergroße Frustration steht der nüchterne biblische Realismus des Weisheitslehrers Jesus Sirach. Er weiß um die

Chancen, aber auch um die Grenzen von Familie. Er weiß um die Probleme zwischen Großeltern und Eltern. Er weiß, daß Altwerden nicht unbedingt nur Zunehmen an Weisheit bedeuten kann, sondern auch Eigensinn und Starrköpfigkeit bis hin zur Verwirrung. Er weiß auch, daß die Jüngeren gern dazu neigen, die Alten nicht mehr für voll zu nehmen. Und er kennt die Probleme zwischen Kindern und Eltern. Er kennt die Frage: Wie finde ich als junger Mensch die richtige Balance zwischen Respekt vor den Eltern und meiner eigenen Selbständigkeit, zwischen Freiheit und Verantwortung den Eltern gegenüber?
Sein Realismus hilft uns, die Probleme nicht zu verdrängen, sondern anzugehen. So bewahrt er uns vor einer Überforderung der Familie durch falsche Ideale, aber auch vor einer Unterforderung, davor, daß jeder nur noch tut und läßt, was er will – ohne Rücksicht auf die anderen. Wie aber geht es dann heute, als Familie zu leben?
Eigentlich müßte ich jetzt beiseite gehen und Sie alle nacheinander hier ans Mikrophon treten und erzählen lassen, wie *Sie* es versuchen. Das geht aber leider nicht. Dafür soll in unserer Pfarrgemeinde Gelegenheit sein – z. B. bei Elternabenden.
Ich glaube, bei den allermeisten stünde wohl unterm Strich: Wir bemühen uns.

- Wir bemühen uns, gut zusammenzuleben, einander zu respektieren und in unseren Eigenarten so gut es geht ernst zu nehmen.
- Wir bemühen uns, das, was uns wertvoll und wichtig geworden ist, weiterzugeben, seien es religiöse Werte, Lebenserfahrungen oder Grundeinstellungen.
- Wir bemühen uns, mitten in einer Welt voll Unheil ein Stück Heil in unserer Familie erfahrbar zu machen und zu suchen – auch wenn wir manche äußeren Einflüsse nicht einfach übersehen oder abstellen können.
- Wir versuchen, uns spüren zu lassen: du bist erwünscht, du wirst gemocht: die Großeltern, die Eltern, die Kinder.

Das Idealbild der Heiligen Familie von Nazareth, wie es uns auf manchen Bildern entgegenschaut, hilft uns heute wenig, weil es überfordert oder resignieren läßt. Aber von so einem Ideal weiß selbst die Heilige Schrift nichts – es ist viel eher in unseren Köpfen entstanden. Weiter hilft da der biblische Realismus, den wir bei Jesus Sirach kennengelernt haben.
Ich bin sicher: Wo eine Familie ehrlich um gutes Zusammenleben und gegenseitigen Respekt bemüht ist, wo man erfahren darf, daß man erwünscht ist, verstanden wird und sein darf, wie man ist, da ist eine Familie auf dem richtigen Weg, zu einer heilen, zu einer heiligen Familie zu werden.

Silvester/Neujahr

Koh 3,1–2.4.5b.7b.9–14

Zu dieser Predigt 2 Terminkalender mitnehmen

Wenn es nach der Anzahl der Kalender ginge, die man so um die Jahreswende geschenkt bekommt, dann hätte ich jetzt zehn Jahre oder noch mehr vor mir. Viele Firmen und Banken verschenken Kalender: Terminkalender, Fotokalender, Veranstaltungskalender, Taschenkalender ...

Irgendwie ist das schon merkwürdig. Da bin ich heute abend/morgen hier und halte gewissermaßen zwei Jahre in den Händen: hier den vollen Terminkalender: das vergangene Jahr; hier den leeren Terminkalender: das kommende, neue Jahr.

Die Zeit zwischen den Jahren bedeutet für mich immer auch Arbeit mit dem Terminkalender. Termine, Telefonnummern und Adressen müssen vom alten in den neuen Kalender übertragen werden. Bevor ich das tue, mache ich seit ein paar Jahren immer einen kleinen Test mit mir selbst. Ich frage mich: Was fällt dir eigentlich spontan aus dem vergangenen Jahr noch ein? Was ist dir so wichtig gewesen, daß du heute noch daran denkst?

Erst dann, wenn ich diese Erinnerungen wieder wachgerufen habe, schlage ich den alten Terminkalender noch einmal auf. Ich lasse das vergangene Jahr an mir vorüberziehen. Und mit jeder Seite fallen mir Ereignisse ein, die schon verblaßt waren. Mein Gott, wie schnell die Zeit vergeht!

Jedes Jahr merke ich neu: Am intensivsten habe ich gelebt, wenn auch meine Gefühle ganz stark beteiligt waren – ganz egal, ob das sehr schöne oder sehr traurige Erlebnisse waren. Anderes ist völlig versunken – die vielen Stunden am Schreibtisch, die vielen Fahrten im Auto, manche schlaflose Nacht.

Ich werfe diesen alten Kalender nicht weg. Er steht schließlich für ein ganzes Jahr meines Lebens. Ein Jahr mit Höhen und Tiefen, ein Jahr mit Hoffnungen und Enttäuschungen, ein Jahr voll Erfolg und Mißerfolg, ein Jahr ... Ich stelle ihn in mein Bücherregal, denn er hilft mir, mich zu erinnern.
Und jetzt wende ich mich erst dem neuen Kalender zu. Er ist nicht mehr ganz leer. Manches steht schon längst fest, z. B. Termine und Aufgaben, die mich mit anderen Menschen zusammenbringen werden und die auch schon in deren Kalendern stehen: Geburtstage, Taufen und Hochzeiten – Sitzungen und Konferenzen – Feste wie der Weiße Sonntag oder die Firmung. Es sind überwiegend Ereignisse, die schön sind und auf die ich mich freuen kann.
Viele Seiten in diesem Kalender aber, ganze Tage und Wochen, sind noch unbeschrieben. Ich weiß nicht, was sie bringen werden, Gutes oder Schlechtes. Ich bin gespannt, aber ich habe auch Angst. Es kann so vieles passieren, was ich nicht einplanen kann. Womöglich kommen Tage, an denen ich viel Unerfreuliches notieren muß: ganz plötzlich einen Arzttermin, weil ich oder jemand aus meiner Familie krank geworden ist; Fahrten ins Krankenhaus, um Angehörige oder Freunde zu besuchen; ja womöglich auch Sterbetage und Beerdigungen.
Und ich denke noch weiter – obwohl das unerfreuliche Gedanken sind: Weiß ich denn, ob ich überhaupt all diese Termine erleben werde? Werde ich am Ende dieses Jahres wieder einen neuen Kalender anfangen dürfen – oder ist dieser hier der letzte? Diese Gedanken führen mich zu der Frage, was ich eigentlich mit diesem Jahr, mit dieser Zeit, machen will.
Noch liegt diese ganze Zeit vor mir. 365 Tage. Noch kann ich sagen: Ich habe Zeit. Ich habe, genaugenommen, immer Zeit – solange ich lebe. Die Frage ist vielmehr, wofür ich mir Zeit *nehme,* mit wem oder womit ich meine Zeit verbringen und teilen, wem oder was ich Zeit opfern will.
Es gibt Tage, da wollen so viele Aufgaben und Menschen

meine Zeit, daß ich sie mir einteilen muß. Und es gibt Tage, da kann ich frei über meine Zeit verfügen: Trotzdem bleibt die Frage, wofür ich Zeit haben will, was mir wichtig ist. Denn für das, was mir wichtig ist, finde und nehme ich mir auch die nötige Zeit:

- Wieviel Zeit gönne ich mir selber, mir ganz persönlich? Zeit, in der ich ganz bei mir sein kann oder etwas mache, was mir guttut?
- Wieviel Zeit schenke ich meiner Familie, meinem Ehepartner und den Kindern? Wieviel Zeit erübrige ich für Verwandte und Freunde?
- Wieviel Zeit will ich erübrigen, um mich im Dorf, in der politischen oder kirchlichen Gemeinde zu engagieren?
- Wieviel Zeit verbringe ich mit Gott?

Ein Blick auf das vergangene Jahr, in den alten Kalender, ist vielleicht ganz hilfreich für mich. Möglicherweise merke ich, daß ich meine Zeiteinteilung ändern und ins richtige Gleichgewicht bringen muß. Hier vielleicht ein bißchen weniger Zeit einplanen, damit dort ein wenig mehr Zeit übrigbleibt.
Ich wünsche uns allen, daß wir das neue Jahr als ein Geschenk Gottes sehen können. Er ist der Herr aller Zeit, weil er außerhalb von ihr lebt. Er, der Ewige, schenkt jedem von uns ein bestimmtes Maß an Zeit, um daraus etwas zu machen. Jede und jeder von uns hat die Möglichkeit, Zeit zu verwandeln und zum Leben zu bringen:
Ich kann meine Zeit verwandeln in Gespräch, in Arbeit, in Liebe, in Trost, in Fürsorge, in Zuhören und Aussprechen ...
Ich kann meine Zeit aber genauso verwandeln in Langeweile, Leere, Hektik und Unruhe ...
Ich kann Zeit nutzen oder vertreiben. Ich kann sie mit Leben füllen oder kann sie totschlagen.
Sie liegt vor mir. Was will ich mit ihr anfangen?

Epiphanie

Mt 2, 1–12

Der Evangelist Matthäus schreibt, daß die Weisen Gold, Weihrauch und Myrrhe als Gaben gebracht haben. Unsere Sternsinger kommen heute mit anderen Dingen: mit einem Stern, mit geweihter Kreide und mit einer Sammelbüchse. Der *Stern* zeigt den Anlaß, weshalb sich diese Weisen überhaupt auf den Weg gemacht haben. Es waren Wissenschaftler, die genau beobachteten, was in der Welt vorgeht. Diesen Stern aber konnten sie nicht deuten. Darum folgten sie ihm, um herauszufinden, was es damit auf sich hatte. Es waren Heiden, die Gott nicht kannten. Aber dadurch, daß sie dem Stern folgten, gelangten sie zur Krippe und erkannten dort den wahren Gott.

Auch heute gibt es viele Menschen, die den Sternen folgen. Sie lesen Horoskope und glauben an die Astrologie. Diese Sterndeuterei führt aber nicht zu Gott hin, sondern eher von ihm weg. Die Weisen, die Heiligen Drei Könige, wußten schon: Gestirne sind keine Götter. Und dann erlebten sie Christus als den Herrn der Welt und des Weltalls, in einer Krippe.

Heiden erkennen, daß Gott Mensch geworden ist. Und auch in der Geschichte der Völker war und ist das zum Teil so. Viele Länder, die früher heidnisch waren, wie Afrika, Asien oder Lateinamerika, können uns heute sagen, wie Christsein »geht«. Ihnen ist ein Licht aufgegangen wie den Weisen. Sie können nicht schweigen von dem, was sie erlebt haben.

So kann uns der Stern zweierlei sagen: Es gibt heute viele Menschen, die Christen sind und zu Heiden werden, weil sie sich mehr auf die Sterne und anderes verlassen als auf Gott. Und es gibt auch heute Heiden, die zu Christen werden, weil sie in Christus das wahre Licht der Welt erkennen.

Die Sternsinger segnen die Häuser mit *geweihter Kreide.* Das ist im Kern ein Brauch, der noch aus vorchristlicher, heidnischer Zeit stammt. Um die Zeit der Jahreswende, in den Rauhnächten, vertrieb man die bösen Geister und schützte die Häuser vor ihnen. Die Christen haben diesen heidnischen Brauch umgedeutet. Sie haben erkannt, daß wir nicht unter dem Einfluß böser Mächte stehen, sondern unter dem Schutz und Segen des guten Gottes, des »Herrn aller Mächte und Gewalten«. Darum spricht man seitdem keine Zauberformeln mehr, sondern man schreibt einen Segenswunsch über den Hauseingang: »CMB: Christus mansionem benedicat – Christus segne dieses Haus«. Und die Sternsinger, die diesen Segenswunsch anschreiben, sollen selber zum Segen werden – genauso wie die Menschen, die in den gesegneten Häusern wohnen.

Die Sternsinger kommen auch mit der *Sammelbüchse* und bitten um eine Spende für die Mission.

Durch die Taufe gehören wir zur Kirche und sollen mithelfen, daß möglichst viele Menschen zu Christus finden und seine Freunde werden. Schon Paulus hat für die Christen in Jerusalem eine Kollekte in seinen Gemeinden gehalten. Die Sternsinger bitten uns um eine Spende, und wir dürfen es uns ruhig etwas kosten lassen, wenn wir mithelfen, daß möglichst viele Menschen Jünger Jesu werden.

So erinnern uns die Sternsinger mit ihren Zeichen daran, daß es gut ist, unter dem Schutz Gottes zu leben, dessen Licht an Weihnachten für alle Welt aufgestrahlt ist. Und sie erinnern uns daran, daß Christsein auch immer ein Auftrag ist:

»Geht hin und macht alle Menschen zu meinen Jüngern und lehrt sie alles halten, was ich euch geboten habe und tauft sie auf den Namen des Vaters und des Sohnes und des Heiligen Geistes.«

Epiphanie

Mt 2, 1–12

Wissen Sie, was mich am meisten an den Weihnachtserzählungen beeindruckt? Es ist die Tatsache, daß Jesus so ganz und gar unscheinbar zur Welt kommt. Deshalb gibt es auch keine Schaulustigen und keine Neugierigen, die zur Krippe kommen, keine Sensationsreporter, keine Kamerateams. Nur ein paar »Auserwählte« merken überhaupt, daß Jesus geboren ist. Nur ein paar, die feinfühlig genug sind.

Die ersten sind die Hirten. Mich wundert, daß sie sich wirklich aufgemacht haben. Schließlich sagt der Engel zu ihnen: »Als Zeichen, daß ich die Wahrheit sage, werdet ihr ein Kind finden, das in Windeln gewickelt ist und in einer Krippe liegt.« – Das ist doch nichts Besonderes. Womöglich haben in derselben Zeit noch andere Mütter unter ähnlichen Umständen entbinden müssen, nachdem in Betlehem alles überfüllt war wegen der Volkszählung. Aber die Hirten gehen. Sie sehen und glauben.

Auf ganz andere Weise finden die Sterndeuter zur Krippe. Ihre Religion sind die Sterne. Sie wissen nichts von Gott und nichts von der Geschichte Gottes mit seinem Volk Israel. Aber irgendein Stern hat sie neugierig gemacht. Sie erkennen eine außergewöhnliche Erscheinung am Himmel und schließen daraus: Da muß auch auf der Erde etwas Außergewöhnliches geschehen sein. Und weil sie Forscher sind, Wissenschaftler, gehen sie dieser Sache nach. Sie gehen dem Stern nach.

Und Gott führt sie dabei – auch wenn sie ihn nicht kennen. Gott korrigiert nicht erst ihre Vorstellungen über die Sterne und ihren Zusammenhang mit den Menschen. Er läßt sie gehen, durch die Finsternis, nur ihrem Stern nach. Gott läßt sie den Weg suchen, Schritt für Schritt. Er drückt ihnen nicht gleich am Anfang eine Straßenkarte mit eingezeichneter Route in die Hand. Er läßt sie suchen. Aber er lenkt sie – durch scheinbare Zufälle, durch die Hilfe anderer Menschen, bis sie ankommen.

Noch kurz vor dem Ziel müssen sie einen Umweg machen. Sie meinen natürlich, ein neuer König müsse in der Hauptstadt geboren werden, dort, wo der Königspalast steht und der Tempel. Aber sie werden weitergeschickt. Dort, wo die Mächtigen und Gelehrten versammelt sind, weiß man nichts von dem neugeborenen König. Im Stall finden sie ihn dann. Und genauso wie die Hirten sind auch die Sterndeuter nicht enttäuscht, daß so ein ganz gewöhnliches Kind, in einem Stall geboren, von einfachen Leuten abstammend, der König sein soll, den sie monatelang gesucht haben. Sie sehen – und glauben. Sie fallen nieder und huldigen ihm.

Vor der Krippe werden alle Menschen gleich. Die einfachen Hirten knien sich genauso hin wie die gelehrten Wissenschaftler. Beide haben ein Gespür dafür, daß Gott nicht unbedingt in Glanz und Gloria zu erscheinen braucht, sondern ganz alltäglich begegnet. Man muß ihn nur suchen.

Aber es braucht aufmerksame und wache Sinne. Dann kann auch unser Leben zu einer einzigen Gott-Suche werden. Dann können wir selber gewissermaßen von einer »Erscheinung des Herrn« bis zur nächsten leben – so lange, bis wir ihn einmal sehen »von Angesicht zu Angesicht«. Das ganze Leben als Gott-Suche. Eine kleine Geschichte mag das verdeutlichen:

Ein kleiner Junge spielte mit seinen Freunden Verstecken. Er versteckte sich gut und wartete darauf, daß seine Freunde ihn suchen würden. Nachdem er ziemlich lange gewartet hatte, kam er aus seinem Versteck heraus. Doch niemand war mehr zu sehen. Die anderen waren einfach heimgegangen. Da wurde er sehr traurig, weil sie ihn von Anfang an überhaupt nicht gesucht hatten. Weinend kam er zu seinem Großvater und beklagte sich über seine treulosen Freunde.

Da wurde auch sein Großvater traurig. Er nahm seinen Enkel auf den Schoß und sagte zu ihm: Siehst du, so geht es Gott auch. Gott sagt auch: Ich verberge mich, aber keiner will mich suchen.

(Text nach: Martin Buber: »Die Erzählungen der Chassidim«, Zürich ^{11}1990)

Aschermittwoch

Kol 3, 8–14

Nach dem Meßbuch sind zwei verschiedene Sätze zur Austeilung der Asche möglich. Der eine heißt: »Bedenke Mensch, daß du Staub bist und zum Staub zurückkehrst.« Dieser Satz dürfte wohl den meisten von Ihnen bekannt sein. Er erinnert uns daran, daß alles, was wir schaffen, erwerben und besitzen, vergänglich ist; ja, daß wir selbst vergänglich sind. Wie schnell kann ein ganzes Lebenswerk, ein ganzer Betrieb, z. B. bei einem Brand, in Schutt und Asche versinken. Und wie schnell ist auch unser aller Leben vorüber!

Man könnte fast den Mut verlieren. Wie ein Guß kaltes Wasser trifft uns dieser Satz einen Tag nach der ausgelassenen Faschingsfreude. Aber es geht heute nicht darum, alles mies zu machen. Darum möchte ich lieber den zweiten Satz erwähnen, der zur Aschenausteilung möglich ist: »Kehr um – und glaub an das Evangelium!« Dieser Satz ist gewissermaßen die Fortsetzung des ersten.

Bleib nicht stehen bei dem, was vergänglich ist. Denk nicht nur an die Dinge, die wieder vergehen. Wende dich Gott zu, denn er ist das Leben. Und er will für dich das »Leben in Fülle«. – Das ist das Evangelium, die gute Nachricht. Gott liebt uns, und er will, daß wir da sind. Und deshalb will er uns auch nicht dem Tod überlassen. Er will Leben für uns – hier in dieser Welt und auch in der kommenden.

»Kehr um – und glaub an das Evangelium!« – das heißt: Richte dich neu aus! Kremple dein ganzes Denken und Handeln um! Denke und handle weniger von dir, sondern mehr von Gott her. Denn er will Leben für dich und alle Menschen.

Und was dient dem Leben? In der Lesung haben wir es ge-

hört: »... aufrichtiges Erbarmen, Demut, Güte, Milde und Geduld.«
Es dient dem Leben, wenn wir »einander ertragen und uns vergeben, wenn wir uns etwas vorzuwerfen haben«.
Mit diesen Tugenden sollen wir uns bekleiden, sagt Paulus. Denn das steht einem Christen. Und alles, was dem Leben nicht dient, sollen wir ablegen wie alte Kleider, die nicht mehr passen. Auch davon spricht Paulus. Er sagt, zu einem Christen paßt es nicht, zornig, wütend oder gar boshaft zu sein, andere zu verspotten oder Witze über andere zu reißen, zu lügen und zu betrügen.
Nutzen wir diese Fastenzeit, solche alten Kleider abzulegen, die uns als Christen nicht stehen. Machen wir sie zu Asche und Staub. Ziehen wir lieber das an, was uns als Christen gut zu Gesicht steht. Werden wir ein wenig zu neuen Menschen, die sich am Evangelium ausrichten.
In diesem Sinn ist die Fastenzeit eine frohe Zeit, weil dann auch für uns gilt, was Paulus sagt: »Ihr seid von Gott geliebt, seid seine auserwählten Heiligen!«
Wenn er uns Lieblinge Gottes nennt, dann wollen wir es auch sein.

Aschermittwoch

Joël 2, 12–18; 2 Kor 5, 20–6, 2

Vor diesem Gottesdienst wurden rechtzeitig außen an die Kirchentüren zwei Plakate geklebt, auf denen die Worte *Umkehr* und *Versöhnung* standen. So mußten alle Gottesdienstbesucher durch diese Türen den Kirchenraum betreten. Auch der Einzug von Zelebrant und Altardienst erfolgte von außen durch diese Türen.

Bei vielen großen Domen und Kathedralen ist das Eingangsportal reich mit Figuren geschmückt, die – ohne Worte – die Geschichte Gottes mit den Menschen erzählen. Bevor man die Kirche betritt, erfährt man schon am Eingang, worum es in der Kirche geht.
Die Lesungen des heutigen Tages sind für mich wie solch ein großes Portal, durch das wir die Fastenzeit betreten. Wie eine große Überschrift über die folgenden Kapitel unseres Lebensbuches. Jeden Tag leben und schreiben wir an diesem Buch weiter, an unserer eigenen Lebensgeschichte, an unserer Glaubens- und Unglaubensgeschichte, an unserer Geschichte mit Gott. Dazu sagen uns die beiden Lesungen zwei wichtige Stichworte: *Umkehr* und *Versöhnung.*
»So spricht Gott, der Herr: Kehrt um zu mir von ganzem Herzen mit Fasten, Weinen und Klagen ... denn ich bin gnädig und barmherzig, langmütig und reich an Güte.«
Damit ist eigentlich schon alles gesagt. Wir können nur umkehren, weil Gott so gut und verzeihend ist. Denn sonst hätte es keinen Sinn. Eine Umkehr aus Angst und Furcht wäre erzwungen, falsch und unecht. Und für einen, der Gott gar nicht kennt, wäre diese Forderung schon ganz und gar sinnlos.
Aber wir glauben an Gott, der gut ist und der uns gut machen will. Je mehr wir ihn an uns heranlassen, je mehr wir ihm unser Leben hinhalten, um so mehr kann er aus uns

machen. Das meint Gott, wenn er sagt: »Kehrt um zu mir von *ganzem* Herzen! Gebt mir nicht nur ein Stück von euch, gebt euch *ganz*!«
Umkehr – das könnte man also auch mit *Hinwendung zu Gott* übersetzen. Die Frage ist: Kennen wir Gott schon als den, der gut ist? Oder ist Gott für uns eher einer, der uns Angst macht und uns zu überfordern scheint? Ein Gott zum Davonlaufen?
Wenn wir Gott erfahren haben als den, der es gut mit uns meint, dann fällt auch die Hinwendung zu Gott leicht. Dann wissen wir, wohin die Reise geht. Wenn wir es noch nicht erfahren haben, dann ist jetzt die Gelegenheit. »Jetzt ist die Zeit der Gnade, jetzt sind die Tage des Heils«, sagt Paulus. Denn Gott ist kein Gott zum Davonlaufen, sondern ein Gott zum Umkehren. Wir dürfen in dieser Fastenzeit Gott als den Gütigen kennenlernen. Er möchte, daß wir uns mit ganzem Herzen auf ihn einlassen.
Wir wissen aber auch, daß wir unser Herz an so vieles andere hängen können. Und da sagt uns das Zeichen der Asche: Paß auf! Du bist Mensch, und Gott ist Gott. Du bist nur Staub – aber Gott hat dich aus Staub gemacht. Er ist es, der dir das Leben gibt und das ewige Leben geben kann.
Darum ist das Wort *Umkehr* eine Einladung. Komm und sieh, daß alles andere Dreck, Staub und Asche ist im Vergleich mit Gott! Mach Frieden mit Gott! Laß dich mit ihm *versöhnen*!
Ich glaube, oft haben wir keinen Frieden mit Gott, weil er noch nicht in unserem Herzen wohnt, sondern nur außerhalb. Und darum müssen wir vor ihm davonlaufen, uns vor ihm verstecken, ihn leugnen oder bekämpfen.
»Laßt euch mit Gott versöhnen! Nehmt seine Hand!«
Ich bin sicher, wer im Frieden mit Gott lebt, der kann auch im Frieden mit seinen Mitmenschen leben. Auch das wird deutlich durch die Asche:
Oft wollen wir uns groß machen auf Kosten anderer – und wir machen sie klein, setzen sie herab. Heute aber laufen

wir alle mit derselben Asche auf dem Kopf herum. Alle sind wir gleich. Alle sind wir Geschöpfe unseres Gottes. Können wir da noch über-heblich sein?
Umkehr und *Versöhnung*. Beides wird auch deutlich in der Feier der Eucharistie. Sie ist der Mittelpunkt, von daher bekommt unser Leben Sinn, Richtung und Gestalt. Wenn Menschen im Kreis um eine Kerze stehen, dann wird das Gesicht eines jeden hell. So will Christus unser Leben hell machen, wenn wir uns um den Altar versammeln. Wenn Menschen in Gemeinschaft sein Wort hören, dann bekommt jeder Wegweisung für seinen Weg durch das Leben. Wenn Menschen sich um das Brot versammeln und es teilen, dann bekommt jeder die Kraft, in allem Vergänglichen das Unvergängliche zu suchen. Aus Brot wird Brot für das ewige Leben.
Das ist das Frohmachende an der Botschaft von der *Umkehr* und der *Versöhnung*. Und darum heißt es heute auch, wenn die Asche aufgelegt wird: »Kehr um – und glaub an das Evangelium!«

Gründonnerstag

1 Kor 11,23–26

Es bietet sich an, zu dieser Predigt auch den Ambo als »Tisch des Wortes« festlich zu schmücken und zu decken.

»Tut dies zu meinem Gedächtnis« heißt es in jeder Messe nach der Wandlung. Mir sind diese Worte eigentlich erst letztes Jahr richtig aufgegangen. Und ich möchte Ihnen erzählen, wie es dazu gekommen ist.
Ein älterer Mann aus unserer Pfarrei kam zufällig bei einem Gespräch darauf, daß ich ab und zu gerne einen hausgebrannten Schnaps trinke. Und weil er selber die Kunst des Schnapsbrennens beherrschte, versprach er mir: Sie kriegen von mir eine Flasche Selbstgebrannten.
Lange Zeit kam ich nicht dazu, mir die versprochene Flasche abzuholen, es kam immer etwas dazwischen. Bis ich dann eines Tages gerufen wurde – er liege im Sterben, und ich solle ihm die Sterbesakramente spenden. Nach der Krankensalbung und der Kommunion sagte er – schon ziemlich schwach – zu seiner Frau: »Der Herr Kaplan kriegt noch eine Flasche Schnaps von mir. Die hab ich ihm versprochen.«
Mir kamen fast die Tränen, so sehr hat mich das gerührt. Da ist dieser Mann dem Tod schon ganz nahe und denkt noch an dieses Versprechen. Und darum habe ich ihm versprochen, daß ich diesen Schnaps immer zum Andenken an ihn trinken werde. Und so war das dann auch für mich. Diese Flasche war etwas Besonderes. Es war kein gewöhnlicher Schnaps. Es war wie eine Hinterlassenschaft, ein Testament.
Drei Tage später ist der Mann dann gestorben. Und ich habe lange Zeit – bei besonderen Gelegenheiten – aus dieser Flasche getrunken. Zu seinem Gedächtnis.

Der letzte Wille eines Menschen ist uns heilig. Sein Testament ist uns heilig. Heute abend denken wir an das Testament Jesu. Er hat uns nichts schriftlich hinterlassen. Er hat nur gesagt: »Tut dies zu meinem Gedächtnis. Haltet immer wieder Mahl miteinander, wie ich es jetzt mit euch tue. Und wenn ihr dieses Mahl feiert, dann denkt daran: Dieses Brot ist kein gewöhnliches Brot. Und dieser Wein ist kein gewöhnlicher Wein. Ihr eßt meinen Leib und ihr trinkt mein Blut. Ihr braucht zwar Essen und Trinken, damit ihr am Leben bleibt. Aber vor allem braucht ihr Gott, damit ihr leben könnt. Das ist es, was ich euch durch mein ganzes Leben zeigen wollte. Gott will, daß ihr lebt. Und wichtiger als Brot ist Gottes Wort zum Leben. Durch Gottes Wort ist alles erschaffen worden. Und durch Gottes Wort kommt auch ihr zum eigentlichen Leben.«
Um zu zeigen, wie er das meint, hat Jesus das Zeichen der Fußwaschung gesetzt. Nach Gottes Wort leben – das heißt: sich bücken, dienen. Wer sich ganz klein machen kann vor den Menschen, der ist groß vor Gott. Und Jesus sagt: »Begreift ihr, was dieses Zeichen meint? – So war mein ganzes Leben. Ich habe mich hinuntergebeugt zu den Menschen, und so sollt auch ihr füreinander dasein.« Auf diese Weise erklärt er ihnen seinen einzigen und letzten Willen. Auf diese Weise gibt er uns sein »Neues Testament«.
Ein einziges Gebot: »Du sollst Gott, deinen Herrn, lieben, so sehr du kannst – und deinen Mitmenschen genauso wie dich selbst.« Oder – wie er es heute formuliert: »Liebt einander so, wie ich euch geliebt habe!«
Das ist im Grunde der ganze Inhalt des Neuen Testamentes. Daran erinnern wir uns jedesmal, wenn wir Gottesdienst feiern. Darum habe ich heute den Ambo so feierlich gedeckt. Hier ist der Tisch des Wortes. Hier ist Jesus jedesmal da in seinem Wort. Hier sollen wir uns erinnern, daß wir Gottes Wort zum Leben brauchen.
Nachher decken wir den Altar, den Tisch des Brotes. Dort feiern wir, daß Jesus mit Haut und Haar, mit Fleisch und

Blut für uns da ist. Wir erfüllen sein Testament, wir tun das zu seinem Gedächtnis.

Bei einem Leichenschmaus erinnern wir uns an den Verstorbenen. Aber bei der Messe erinnern wir uns an einen Lebenden. Es soll nicht nur bei der Erinnerung bleiben. »Tut dies zu meinem Gedächtnis« – das heißt ja auch: »Handelt danach!«

Wir hören, was Jesus sagt. Wir feiern, was er getan hat. Das soll uns in Fleisch und Blut übergehen. So, wie die Nahrung uns Kraft gibt, unseren Tätigkeiten und Aufgaben nachzugehen, so soll dieses Hören und Feiern uns die Kraft zum Handeln geben. Darum heißt es ja immer am Ende der Feier: »Ite – missa est!« »Geht – jetzt ist Messe! Jetzt heißt es Handeln!«

Oder wir könnten eben auch sagen: »Tut dies, was ihr gehört und gefeiert habt, nun selbst. Und tut es zu meinem Gedächtnis!«

Gründonnerstag

Joh 13,1–15

Benötigt werden: ein Waschlappen, eine große Hostie, ein Kelch mit Wein und ein Kreuz, aus einem Meterstab geformt.

Jesus hat in seinem Leben viele Zeichen gesetzt und mit diesen Zeichen seine Predigt bekräftigt. Ob das Heilungen waren oder Dämonenaustreibungen, Wunder wie bei der Hochzeit von Kana oder bei der Speisung der Fünftausend, ob er mit Sündern gegessen oder am Sabbat geheilt hat – immer wollte er mit diesen Zeichen mehr aussagen als durch Worte allein.
Gegen Ende seines Lebens verdichten sich diese Zeichen. Die letzten großen Zeichen feiern wir heute und morgen und übermorgen. Jesus hat – wie so oft – vorhandene Traditionen und Bräuche aufgegriffen und in ein neues Licht gerückt. Er hat vorhandene Symbole umgedeutet und damit neue und endgültige Zeichen gesetzt.

1. *Waschlappen.* Johannes berichtet im Evangelium einfach von einem Mahl, das kurz vor dem Passahfest stattgefunden hat. Man vermutet heute, daß Jesus das Passahmahl mit seinen Jüngern vorgefeiert hat, weil er genau wußte, daß er Ostern nicht überleben würde.
Beim Passahmahl aber war es üblich, daß nach dem ersten Becher Wein der Hausvater herumging und allen Anwesenden die Hände gewaschen hat. Jesus greift diese Sitte auf. Aber er deutet sie um und setzt ein neues Zeichen. Er wäscht seinen Freunden nicht die Hände, sondern die Füße. Er tut nicht das, was ihm ehrenhalber als dem Meister, dem Hausvater, zukäme, sondern er tut das, was der niedrigste und gewöhnlichste Sklavendienst war. Er, der Meister, wird zum Waschlappen.

Damit gibt er ein Beispiel, das ganz auf der Linie liegt, die er bislang gepredigt hat: »Wer der Größte sein will, der soll der Diener aller sein. Wer sich selbst erniedrigt, der wird erhöht werden. Die Letzten werden die Ersten sein.«
Wer von uns läßt sich schon gern als Waschlappen bezeichnen? In den Augen der Jünger und in den Augen der Welt ist Jesus das geworden. Alle haben einen erwartet, der endlich aufräumt und ein neues Reich Israel errichtet. Jesus kommt, macht den anderen den Dreck weg und wird zum Waschlappen. Und er sagt auch noch: »Begreift ihr, was ich an euch getan habe? Ihr sagt zu mir Meister und Herr, und ihr habt recht. Wenn nun ich, der Herr und Meister, euch die Füße gewaschen habe, dann müßt auch ihr einander die Füße waschen. Ich habe euch ein Beispiel gegeben, damit auch ihr so handelt, wie ich gehandelt habe.«

2. *Hostie* und *Wein*. Jesus setzt das Mahl fort mit einem noch wichtigeren Zeichen. Mit Brot und Wein. Mit beidem hatte er schon oft zu tun. Mit beidem hat er schon Zeichen gesetzt. Bei der Hochzeit von Kana und bei der Speisung der Fünftausend. Aber was er jetzt tut, das übertrifft alles. Er sagt: »In Zukunft ist dieses Brot mein Leib, der für euch hingegeben wird. Und dieser Wein ist mein Blut. Das ist ein Zeichen, wie sehr ich mich an euch binde und wie sehr sich Gott an euch gebunden hat. Das ist der neue Bund zwischen Gott und euch. Dieser Bund hält ewig. Und wenn ihr mit mir verbunden bleiben wollt, dann macht es genauso wie ich: Werdet für andere zum Brot! Laßt euch von den Menschen verzehren und aufbrauchen im Dienst für Gott. Denn wer sein Leben geringachtet, der wird es gewinnen.«

3. *Kreuz*. Dann schließlich gehen sie hinaus, und die Dinge nehmen ihren Lauf. Er wird verraten, verurteilt, gegeißelt und gekreuzigt – wie es zu erwarten war. Aber nun ist es Gott, der ein neues Zeichen setzt. Der Gott, auf den Jesus sein ganzes Leben gesetzt hat. Er läßt ihn nicht hängen am

Kreuz. Er erweckt ihn zu neuem Leben. Und so macht er den Gekreuzigten und das Kreuz zum Maß-stab allen Lebens. An ihm muß sich in Zukunft jeder messen lassen, so wie es Simeon schon am Beginn des Lebens Jesu im Tempel geweissagt hat: »Dieser ist dazu bestimmt, daß viele in Israel durch ihn zu Fall kommen und viele aufgerichtet werden.« Jesus Christus hat Zeichen gesetzt und das Beispiel für alle gegeben. Es bleibt zur Nachahmung empfohlen.

Gründonnerstag

Joh 13, 1–15

In der Zeitung habe ich gelesen: »Berliner Allesmacher gründen eine eigene Firma. Der 27jährige Student und der 33jährige Disponent wollen alles das erledigen, wozu andere keine Zeit oder Lust haben. Sie kaufen ein, bepflanzen Balkons, warten auf Handwerker, gehen mit dem Hund Gassi und begleiten Rentner und Behinderte zu Behörden. Das Honorar beträgt 20 DM die Stunde.«
Das ist doch eigentlich sehr ehrenvoll, oder?
Ehrlich gesagt, mich macht es traurig. Wo sind wir gelandet, wenn selbstverständliche mitmenschliche Hilfen und Dienste so vermarktet werden können?
Aber genau das, was dieser Zeitungsartikel beschreibt, scheint mir typisch zu sein für die Zeit, in der wir leben.

Alles selber machen wollen
Jeder strebt doch dahin, daß er alles selber machen will. Wenn ich niemanden beanspruche, dann kann ich unabhängig bleiben. Dann stehe ich in niemandes Schuld. Dann brauche ich keine Verpflichtungen einzugehen. Dann habe ich immer die Möglichkeit zu tun, was mir Spaß macht, und brauche auf keinen Rücksicht zu nehmen.

Nichts geschenkt haben wollen
Nur – es gibt halt unter uns Menschen, die aus irgendwelchen Gründen nicht oder nicht mehr in der Lage sind, alles selber zu machen. Die können sich dann für Geld das machen lassen, was nötig ist. »Wer zahlt, schafft an«, heißt es ja. Und wofür ich zahle, darauf habe ich einen Anspruch. Geld gegen Leistung, und wir sind quitt. Geschenkt will ich nichts.

Hinter beiden Haltungen scheint mir dasselbe zu stehen: der Wunsch nach Unabhängigkeit. Und so wird allmählich der Dienst, die nachbarschaftliche oder verwandtschaftliche Hilfe zur Leistung. Zur »Dienst-Leistung«. Man verdient gut daran, wenn man sich auf solche Dienstleistungen spezialisiert. Und man kann gut unabhängig bleiben, wenn man sie in Anspruch nimmt. Andere machen es ja für einen. Und das gilt nicht nur für kleine Hilfsdienste.
Wenn die kranke Oma zu lästig wird, dann kann man ja eine Schwester engagieren oder einen Platz im Alters- und Pflegeheim kaufen.
Wenn die Kinder nichts lernen oder zu lästig werden, dann kann man einen Nachhilfelehrer anstellen oder sie in ein Internat stecken.
Für alles gibt es heute Spezialisten. Solange ich gut bezahle, kann ich den perfekten Service erwarten.
Und wenn man einmal die Kirche braucht, besonders bei Taufen, Trauungen oder Beerdigungen, dann erwartet man auch hier den perfekten Service. Man zahlt ja schließlich seine Kirchensteuer dafür.
Genau das ist es: *Service.* In der englischen Sprache ist »Service« sogar das Wort für »Gottesdienst«.
Heute begehen wir den Gründonnerstag. Wir hören von der Fußwaschung und vom Letzten Abendmahl. Das ist der Service schlechthin. Der Dienst. Die Hingabe.
Wir feiern zwei Dinge, die unserem gewöhnlichen Verhalten völlig entgegenlaufen; zwei Dinge, die wir selber nicht machen können und die wir nicht kaufen, sondern uns nur schenken lassen können. Der Gründonnerstag will uns aufmerksam machen, wie wichtig und unverzichtbar für einen Christen und eine christliche Gemeinde der Dienst ist. Der Gründonnerstag will uns aber zugleich zeigen, wie wichtig es für uns ist, uns beschenken zu lassen.
Erst müssen wir uns beschenken lassen, die Füße waschen lassen. Wer sich die Füße nicht waschen läßt, hat keine *Gemeinschaft* mit Jesus. Wer sich nicht helfen lassen will,

dem ist nicht zu helfen. Wer Jesus nicht an sich handeln läßt, wer ihn nicht an sich »ranläßt«, hat keine Gemeinschaft, keine *Communio* mit ihm. Der ex-*kommuniziert* sich selbst.

Und auch den Leib Christi können wir uns nicht machen, nicht kaufen und nicht verdienen und auch nicht einfach nehmen. Wir können ihn uns nur schenken lassen und ehrfürchtig empfangen.

Jesus ist es also, der zuerst an uns handeln muß. Und genau darum geht es in jeder Meßfeier: um Gottes Dienst an uns. Jeder Gottes-Dienst sollte ein Raum sein, wo wir uns Gott aussetzen, seinem Wort und Sakrament, damit er an uns rankommt.

Das widerstrebt unseren sonstigen Bemühungen gewaltig, alles selber zu machen und uns nichts schenken zu lassen. Und wir wissen auch, warum: Wenn ich mir wirklich die Füße von Jesus waschen lasse, wenn ich wirklich zulasse, daß er sich mir in der Eucharistie schenkt – dann bin ich ihm verpflichtet. Dann müßte ich mich vielleicht ändern. Dann hätte das womöglich Konsequenzen. Dann müßte ich ja auch so handeln wie er!

Richtig. »Ein Beispiel habe ich euch gegeben, damit auch ihr einander dasselbe tut!«

Erst müssen wir uns die Füße waschen lassen, bevor wir anderen helfen können.

Erst müssen wir uns verwandeln lassen, bevor wir andere verwandeln können.

Erst müssen wir uns beschenken lassen, bevor wir für andere ein Geschenk werden können.

Karfreitag

Vor Beginn des Gottesdienstes wird vor dem Altar aufgebaut: ein Stuhl, über dem ein roter Mantel hängt, darüber eine Dornenkrone. Auf dem Stuhl liegen eine Geißel, Nägel, drei Würfel davor, ein Schwamm.

Auf vielen Kreuzigungsdarstellungen sieht man auch die Marterwerkzeuge. Man bildet sie ab, um dem Betrachter vor Augen zu führen, was Jesus alles erlitten hat, bevor er starb. Und man bildet sie ab, um dem Betrachter zu zeigen: Auch du bist in Gefahr, andere auf diese oder jene Art zu quälen. Ich habe ein paar solche Dinge mitgebracht. Denn ich bin sicher, daß auch heute Jesus immer wieder gequält, verspottet und verletzt wird: von Menschen, in anderen Menschen.

1. *Geißel.* Jesus ist ausgepeitscht, gegeißelt worden. Wie viele Wörter gibt es in unserer Sprache für solche Verletzungen! Wir versetzen einander Tiefschläge. Es gibt Schläge unter die Gürtellinie. Wir reizen einander bis aufs Blut. In vielen Familien sind Schläge an der Tagesordnung. Die Geißel ist auch in unseren Tagen noch nicht abgeschafft. Sie ist ein Symbol dafür, wie Christus auch heute immer noch geschlagen wird.

2. *Dornenkrone.* Weniger brutal, aber genauso verletzend sind die vielen kleinen täglichen Sticheleien, die wir einander zufügen. Manche Worte sitzen wie ein Nadelstich. Auch die Dornenkrone ist noch nicht abgeschafft. Sie ist das Symbol dafür, wie Christus auch heute noch immer wieder verletzt wird – durch die vielen kleinen Wunden, die wir einander zufügen.

3. *Roter Mantel.* Man hat ihm einen roten Mantel angezogen, um ihn als König zu verspotten. Man hat ihm das Wort im Mund herumgedreht. Der Mantel – das sind unsere Vor-

urteile. Sie lassen uns den anderen nicht mehr so sehen, wie er wirklich ist, sondern so, wie wir ihn sehen wollen. Der Mantel, die Vorurteile, werden zum Gefängnis. Unter dem Deckmantel der Vertraulichkeit erzählen wir die Fehler anderer weiter.

Unter dem Deckmantel der eigenen Anständigkeit setzen wir die anderen herab. Auch der rote Mantel ist noch nicht abgeschafft. Er ist ein Symbol dafür, wie Christus auch heute noch in den vielen Vorurteilen verkannt wird, die Menschen in ein Gefängnis von vorgefaßten Meinungen zwängen.

4. *Nägel.* Man hat Jesus festgenagelt. So war er vollkommen wehrlos. Er mußte alles über sich ergehen lassen. Wie oft nageln wir einen Menschen eigentlich fest – auf einen unbedachten Satz, den er irgendwann einmal gesagt hat? Wie oft nageln wir jemanden fest – auf einen Fehltritt, einen Ausrutscher? Wer festgenagelt wird, hat keine Chance, sich zu ändern. Auch die Nägel sind noch nicht abgeschafft. Sie sind ein Symbol dafür, wie Christus auch heute noch festgenagelt und aufs Kreuz gelegt wird.

5. *Schwamm.* Essig und Galle wollte man ihm reichen. Gift und Galle wird oft verspritzt, wenn wir über andere Menschen reden – meist über die, die gerade nicht da sind. Gift und Galle fressen sich in unsere Gedanken, nähren unsere Abneigung und unseren Haß, vergiften und verderben unsere Beziehungen zueinander. Auch der Schwamm ist noch nicht abgeschafft. Er ist ein Symbol dafür, wie wir unsere Beziehungen zueinander und zu Gott belasten, trüben und vergiften.

6. *Würfel.* Um das Gewand Jesu wird gespielt. Vor seinen Augen wird alles verteilt, was er noch besitzt. Für mich sind die Würfel ein Zeichen dafür, daß Menschen immer wieder einander ausnutzen und ausbeuten. Ein Zeichen dafür, daß Menschen oft selber die Spielregeln des Lebens aufstellen und andere sich danach zu richten haben – ob sie wollen oder nicht. Die Würfel sind noch nicht abgeschafft. Sie sind

ein Symbol dafür, daß Christus auch heute noch ausgenutzt und ausgebeutet wird. Viele Menschen werden nicht ernst genommen, sondern nur als Spielzeug betrachtet. Wenn wir nachher das Kreuz verehren, dann ehren wir darin Christus. Er ist in seinem Tod den vielen Menschen gleichgeworden, die ähnliches erleiden und durchmachen müssen. Wir verherrlichen nicht die Folterwerkzeuge von damals und heute, sondern wir verherrlichen die Liebe Gottes, die er uns im Leben und Sterben seines Sohnes gezeigt hat. Wir knien uns nachher nieder, um dieses Zeichen der Liebe anzubeten. Wir knien uns nieder, um Gott um Erbarmen zu bitten. Um Erbarmen, daß wir nicht zu denen gehören, die Christus im Mitmenschen quälen, verspotten und verletzen; und um Erbarmen, wenn wir zu den Opfern gehören.

Karfreitag

»Das Leben geht weiter« – das war immer das letzte Wort, wenn die Sendung »Königlich Bayerisches Amtsgericht« zu Ende ging.
»Das Leben geht weiter« – das habe ich mir auch schon oft gedacht, wenn ich in der Zeitung wieder die Schlagzeile einer Katastrophe gelesen habe. Egal, was passiert – das Leben geht weiter, so wie der Verkehr nach einem Unfall weiterrauscht. Die Spuren sind beseitigt, ein paar wenige trauern vielleicht noch – aber für die anderen, unbeteiligten, für die neugierigen Zuschauer geht das Leben weiter.
War es eigentlich nach dem Tod Jesu anders? Hat sich seitdem etwas geändert? Wahrscheinlich war es mit dem Tod Jesu ganz genauso. Die meisten Leute werden ganz normal ihr Passahfest gefeiert haben, bis auf die paar, die seine engsten Freunde waren. Für die meisten war es kein besonderes Ereignis; Kreuzigungen waren an der Tagesordnung. »Das Leben geht weiter ...«
Wir sind heute schon alle daran gewöhnt, daß täglich in den Nachrichten von Krieg, Terror, Entführungen, Geiselnahmen, Unfällen, Verbrechen und Hinrichtungen zu hören ist. Wir wissen schon gar nicht mehr, was gestern war. »Das Leben geht weiter ...«, man nimmt schon gar keine Notiz mehr. »Das Leben geht weiter« – auch nach den vielen Karfreitagen in unserem Leben. Die Meldungen in den Zeitungen sind nur Ausschnitte der Wirklichkeit. Karfreitage, an denen für Menschen die Welt untergeht, gibt es auch bei uns. Sie verbergen sich oft hinter den Namen von Verstorbenen, für die wir einen Gottesdienst feiern, oder in den Texten von Todesanzeigen. »Plötzlich und unerwartet ... hinterläßt Frau und vier Kinder ... tragischer Verkehrsunfall ... heimtückische, unheilbare Krankheit ...«

»Das Leben geht weiter« – aber wie?
Hoffentlich nie ohne Notiz, hoffentlich nie ohne Anteilnahme, hoffentlich nie in Gleichgültigkeit oder Verzweiflung!
Wenn wir für unsere Verstorbenen Gottesdienst feiern, dann doch deshalb, weil wir glauben, daß das Leben für sie weitergeht – aber eben nicht so normal.
Wenn wir uns jedes Jahr am Karfreitag an den Tod Jesu erinnern, dann doch auch deswegen, weil das Leben für ihn weitergeht. Ganz anders als normal.
Und wie geht das Leben für uns weiter?
Die Erinnerung an den Tod und das Kreuz Jesu ist eine gefährliche Erinnerung. Sie mahnt uns noch einmal eindrücklich, unser Leben in Ordnung zu bringen und umzukehren, weil der Tod jeden Augenblick unser Leben beenden und unsere Pläne durchkreuzen kann.
Die Erinnerung an den Tod Jesu ist aber auch eine befreiende Erinnerung, weil sie uns deutlich macht: »Das Leben geht weiter!« In jeder Messe beten wir gemeinsam: »Deinen Tod, o Herr, verkünden wir, und deine Auferstehung preisen wir, bis du kommst in Herrlichkeit.«
Darum können wir das Kreuz Jesu verehren und darin auch unser eigenes Kreuz und unseren eigenen Tod annehmen, weil wir seit seinem Sterben und Auferstehen wissen: »Das Leben geht weiter!«

Ostersonntag

1 Kor 15, 51–58

Ende gut, alles gut, heißt ein bekanntes Sprichwort. *Ende gut, alles gut* – nach diesem Motto hat man viele Bücher geschrieben und viele Filme gedreht. *Ende gut, alles gut!*
Ich glaube, jeder Mensch sehnt sich danach, daß am Ende alles gut wird. Schließlich erfahren wir ja jeden Tag, daß es am Ende oft gar nicht gut ausgegangen ist. Die Nachrichten liefern uns genügend Beispiele ins Haus. Und auch in unserer nächsten Nähe hören wir von Krankheit und Unglücksfällen, sei es im Bekanntenkreis oder sogar in der eigenen Familie. Da kann einem das Lachen vergehen.
Doch da gibt es doch noch so einen Satz: *Wer zuletzt lacht, lacht am besten!* – Stimmt das denn? Haben wir denn überhaupt noch etwas zu lachen? Ende gut, alles gut! – Geht denn heute überhaupt noch etwas gut aus? Sind das nicht alles nur fromme Wünsche, Träume und Schäume? Ist das nicht so wie im Märchen, wo es am Schluß immer heißt: ... und wenn sie nicht gestorben sind, dann leben sie heute noch?
Ist das hier mit Jesus auch nur so ein Märchen? Eine schöne Geschichte mit Happy-End, ein frommer Wunsch, ein Traum? – Dann bräuchten wir es hier eigentlich gar nicht vorzulesen. Dann könnten wir es gleich vergessen.
Doch für die Apostel war es zunächst auch nichts anderes. *Weibergeschwätz! Hirngespinste!* Das gibt's doch nicht! Tot ist tot – aus, Ende, Amen!
Aber dann siegt doch die Neugier. Sie gehen zum Grab. Sie schauen sich um. Sie zweifeln langsam: wenn nun doch etwas Wahres dran ist? Wenn Jesus doch lebt?
Das wäre wirklich unglaublich! *Ende gut, alles gut! Wer zuletzt lacht, lacht am besten!* Und wenn Gott Jesus aufer-

weckt hat, dann wird er auch jeden auferwecken, der zu ihm gehört und an ihn glaubt. Auch für uns würde das heißen: *Ende gut, alles gut!*

Dann wäre kein Leben sinnlos oder vergeblich. Dann öffnet sich ja ein ganz neuer Sinn, ein ganz neues Leben! Wir kommen von Gott – und wir gehen zu Gott. Der Tod hat keine Macht mehr. Der Tod ist nicht das Ende, sondern ein Anfang. *Ende gut, alles gut!*

Ganz allmählich beginnen die Jünger zu glauben. Sie erinnern sich an Dinge, die Jesus gesagt hat. Damals haben sie es nicht verstanden, aber jetzt bekommt auf einmal alles einen Sinn. *Wer zuletzt lacht, lacht am besten!* Hat Jesus das nicht gesagt?: »Selig, die ihr jetzt weint, denn ihr werdet lachen! Selig, die ihr jetzt trauert, denn ihr werdet getröstet werden!«

Auf einmal wird so vieles klar. Der Glaube an die Auferstehung Jesu und die Hoffnung auf ihre eigene Auferstehung gibt ihnen ungeahnte Kraft. Sie haben keine Angst mehr vor dem Leben und keine Angst mehr vor dem Tod. Sie verspotten sogar den Tod mit einem Vers aus dem Alten Testament: »Tod, wo ist dein Sieg? Tod, wo ist dein Stachel?«

Ihre Trauer verwandelt sich in eine unbändige Freude. Das Leben hat gesiegt auf der ganzen Linie. *Ende gut, alles gut!*

»Gott sei Dank, daß er uns den Sieg geschenkt hat durch Jesus Christus, unseren Herrn.«

Und so kann auch Paulus sagen: »Darum seid standhaft und unerschütterlich, nehmt immer eifriger am Werk des Herrn teil und denkt daran, daß im Herrn eure Mühe nicht vergeblich ist.«

Denn *wer zuletzt lacht, lacht am besten!* Amen, Halleluja!

Ostersonntag

1 Kor 15, 12–22; Mk 16, 1–8

»Das Leben geht weiter!« – aber nur für die Hälfte der Deutschen. Haben Sie das gewußt? Nach der neuesten Umfrage glaubt nämlich nur noch höchstens die Hälfte aller Deutschen an ein Weiterleben nach dem Tod. Für die andere Hälfte ist Gott tot, bleibt Jesus tot. Für sie hat er anscheinend nichts mehr zu sagen, hat er keine Bedeutung mehr. Für sie kann er anscheinend nichts mehr tun.

So war das wohl auch für die drei Frauen, von denen uns Markus berichtet. Für sie war Jesus tot. Es blieb ihnen nur die Möglichkeit, zum Grab zu gehen, ihn einzubalsamieren, zu konservieren und zu mumifizieren. Sie wollten ihn möglichst lange so erhalten, wie er war. Sie wollten ihn in frommer Erinnerung behalten.

Wenn wir heute auch noch so denken, wenn auch wir Jesus für tot halten, dann ist verständlich, daß es so viele Versuche gibt, ihn einzubalsamieren und zu mumifizieren.

- Wir balsamieren ihn ein in seinem Wort. Die Heilige Schrift wird zum Grab, das Jesus gefangenhält. Wir hören ihn nicht für unsere Gegenwart sprechen, sondern nach dem Märchenmotto »Es war einmal ...« Die Bibel bleibt so toter Buchstabe. Dabei ist sie lebendiges Wort, das uns in Bewegung bringen will.
- Wir konservieren Jesus in den Tabernakeln und Kirchen. Wir machen daraus Museen, die mit toten Gegenständen angefüllt sind. Dabei sollten die Kirchen Treffpunkte sein, wo lebendige Menschen das Leben feiern, das Gott ihnen geschenkt hat.
- Wir mumifizieren Jesus in Traditionen und Gesetzen, in Bräuchen und schönen Erinnerungen. Wir möchten das alles so lassen, wie es war. Und wenn wir den Stein ein-

mal wegwälzen von all dem geschichtlichen Ballast, dann ist dahinter – nichts. Er, Jesus, ist nicht da.

Aber: Gott ist nicht tot. Jesus ist nicht tot. *Das Leben geht weiter!*

Diese Erfahrung ist der erste Schock für die frommen Frauen. »Euer Öl und euren Balsam könnt ihr wegwerfen. Jesus läßt sich nicht konservieren. Er läßt sich nur immer wieder neu als der Lebendige erfahren! Geht nach Galiläa, dort werdet ihr ihn sehen!«

Mir leuchtet hier der Sinn des harten Wortes Jesu ganz neu auf, wenn er einmal sagt: »Laßt die Toten ihre Toten begraben. Du aber folge mir nach!«

Totenkult, Konservieren, Einbalsamieren, an schönen Erinnerungen kleben, alles so lassen, wie es ist – das ist etwas für Leute, die selber schon tot sind, ohne Leben, ohne Hoffnung, ohne innere Bewegung. Für Leute, die sich zu nichts mehr aufraffen können.

Wer Jesus bei den Toten sucht, der kann lange suchen. Der findet ihn nicht. Jesus ist schon längst in Galiläa. Und Galiläa – das ist überall dort, wo sich Leben abspielt. Wo Menschen die Höhen und Tiefen des Lebens erleben und miteinander teilen, wo sie sich gemeinsam mühen und freuen, lieben und leiden, lachen und weinen. Dort ist Jesus, der Anführer des Lebens.

Jesus will nicht in ein schön gepflegtes Grab gesteckt werden. Er will nicht nur ein ehrendes und frommes Gedenken. Er will, daß wir aus seinem Geist leben und ihm nachfolgen. Er will nicht, daß wir nur an den Gräbern schöne Reden über Verstorbene halten, sondern vor allem, daß wir gut und wohlwollend mit den Lebenden sprechen.

Er will nicht nur, daß wir alljährlich der Gefallenen gedenken, sondern vor allem, daß wir den Frieden und das Überleben der Lebendigen sichern.

Er will nicht nur, daß wir der Heiligen gedenken (was waren das doch für tolle Menschen!), sondern vor allem, daß wir selber versuchen, heilige Menschen zu werden.

Er will nicht, daß die Messe ein Leichenschmaus wird in frommer Erinnerung an ihn, einen lieben Verstorbenen, sondern daß wir in uns die Erinnerung wachhalten, daß er mitten unter uns lebt.
Darum hat er uns ja nicht einen Stein oder sonst einen leblosen Erinnerungsgegenstand hinterlassen, sondern Zeichen des Lebens: Brot und Wein.
Darum ist jeder Gottesdienst und jeder Sonntag eine Erinnerung an Ostern: »Macht den Lebenden nicht zum Toten! Laßt ihn unter euch lebendig sein! Denn er lebt und will, daß wir das Leben haben und es in Fülle haben« – hier und für immer. Denn *das Leben geht weiter!*

Ostermontag

Lk 24, 13–35

Ich kann mich gut in die Emmausjünger hineinversetzen, in ihre Gefühle und Stimmungen. Was haben sie nicht alles in Jesus investiert: Zeit, Hoffnungen und Ideen! Sie haben alles verlassen und sind ihm nachgefolgt. Sie haben alles mitgemacht und alles mit ihm geteilt – für nichts und wieder nichts? War das alles umsonst?

Sie fühlen sich als Verlierer. Sie haben alles auf Jesus gesetzt und verloren. Jesus ist tot. Sie haben Jesus verloren. Sie haben die Hoffnung verloren, den Mut und den Glauben an die Zukunft. Sie kommen sich betrogen vor, übers Ohr gehauen. Jesus ist tot. Er hat ausgespielt. Er ist bedeutungslos geworden.

Sind sie am Ende doch einem Schwindler und Scharlatan aufgesessen? Es hat ja schon viele falsche Messiasse in Israel gegeben. Zuerst hat ja alles ganz gut ausgesehen, ein Haufen Leute, die hinter Jesus standen (gut, ein paar Abtrünnige gibt es immer), und dann noch der triumphale Einzug in Jerusalem. Aber anstatt nun richtig loszulegen, läßt sich Jesus gefangennehmen. Der Rest ist ja bekannt.

Ich kann mir gut vorstellen, wie die zwei so durch die Gegend laufen. Wie mit Scheuklappen, wie mit Blindheit geschlagen, sagt die Schrift. Für sie gibt es nur noch die eine Tatsache: Jesus, auf den wir gehofft hatten, ist tot.

Deshalb erkennen sie Jesus auch nicht, als er zu ihnen stößt. Die Bibel meint weniger, daß die Jünger Jesus vom Aussehen her nicht erkannten. Die Bibel will vielmehr sagen: Die zwei Jünger hatten so ganz andere Vorstellungen von einem Messias-Jesus, sie hatten sich ein so falsches Bild von Jesus gemacht und so andere Erwartungen, daß sie Jesus gar nicht erkennen *konnten,* weil er in dieses Bild nicht hineinpaßte.

Deswegen sagt Jesus auch nicht gleich: »Na, kennt ihr mich denn nicht? Ich bin es doch«, sondern er geht einfach mit und hört sich alles erst einmal an. Er ermuntert die Jünger sogar, sich auszusprechen, indem er sich ganz unwissend stellt. Und da erfährt er die Ursache ihrer Niedergeschlagenheit: Er, Jesus, hat ihren Erwartungen nicht entsprochen, und nun ist er als Messias bedeutungslos geworden. Er spielt keine Rolle mehr, er ist tot.
Darauf fängt Jesus ganz behutsam an, ihnen die Augen zu öffnen, ihnen die Scheuklappen zu nehmen, ihr falsches Bild zu korrigieren. Er macht ihnen klar, daß der Messias, wenn er wirklich Erlöser sein soll, all das erleiden *mußte.* Und er erklärt ihnen das anhand von Bibelstellen, die sie schon zigmal gehört hatten. Aber jetzt, auf die Auferstehung bezogen, von der sie durch die Frauen gehört, es aber nicht geglaubt hatten, erscheinen diese Stellen auf einmal in einem ganz anderen Licht.
Das war für die Jünger anscheinend so spannend und umwerfend neu, daß sie Jesus nicht weitergehen lassen wollen. Und beim Brotbrechen endlich fällt es ihnen wie Schuppen von den Augen. Jetzt erkennen sie Jesus. Jetzt begreifen sie, was ihnen bisher verborgen geblieben war. Sie begreifen die Schrift und was Jesus gesagt hat. Sie verstehen, daß alles so und nicht anders sein mußte. Aber vor allem wissen sie jetzt, daß sie Jesus immer noch begegnen können, wenn sie sich seine Worte ins Gedächtnis rufen und das Brot brechen. Das alles läßt sie glauben: Jesus lebt! Jetzt verstehen sie Jesus und merken, daß ihre bisherigen Vorstellungen von ihm wenig mit ihm selber zu tun gehabt haben. Jetzt fällt der Groschen, und ihnen geht ein Licht auf. Und im selben Augenblick hält sie nichts mehr. Sie können nicht mehr in ihrem alten Leben bleiben, sie müssen wieder zurück nach Jerusalem und von ihrem Erlebnis mit Jesus erzählen: »Jesus war für uns tot. Alles war für uns aus. Aber jetzt haben wir ihn und sein Evangelium verstanden! Wir wissen, daß er lebt, und dieses Wissen hat unser Leben ver-

ändert! Wir wissen jetzt, daß er weiter für uns da ist, daß er unseren Lebensweg begleitet, so wie er heute mit uns den Weg gegangen ist!«

Dieses Evangelium spiegelt für mich auch unsere Gottesdienste wider. Wie den Jüngern deutet uns Jesus die Schrift und bricht uns das Brot. Ich wünsche uns allen solche Erfahrungen, wo uns das Herz brennt und die Augen aufgehen, wo wir begreifen, daß Jesus wirklich da ist und daß er lebt. Ich wünsche uns Erfahrungen, wo wir sagen können: »Da war Jesus dabei. Da ist er mitgegangen. Da hat er mich geführt, beschützt und mir ein Licht aufgehen lassen.«

Dann können auch wir aus tiefster Überzeugung in den alten Osterjubel einstimmen: »Jesus ist wahrhaft auferstanden! Halleluja!«

Weißer Sonntag

... Kinder aus unserer Gemeinde gehen heute das erste Mal zum »Tisch des Herrn«. Darum feiern wir dieses Fest, und ich möchte ein paar Gedanken zum »Tisch« sagen.
Ein Tisch ist ein sehr nützliches Möbelstück. Er bringt Menschen zusammen und einander näher. Ein Tisch formt Gemeinschaft, wenn sich Menschen um ihn herumsetzen.
Am Tisch essen und trinken wir. Wir nehmen das zu uns, was wir zum Leben brauchen. Und am Tisch wird geredet und gespielt, diskutiert und erzählt. Am Tisch kommt das Leben zur Sprache.
Am Tisch wird auch verhandelt. Das sieht man oft im Fernsehen, wenn es um Verträge und Abkommen geht. Dann sitzen sich die beiden Parteien am Tisch gegenüber. Manchmal kommen dabei Ergebnisse heraus, die sich schlecht verwirklichen lassen, die einfach lebensfern und unpraktisch sind. Dann sagen wir, daß solche Ideen »am grünen Tisch« entstanden sind.
Auf alle Fälle bleibt eines ganz wichtig, ob ich nun zum Essen und Trinken am Tisch sitze, ob ich erzähle oder diskutiere, ob ich verhandeln oder spielen möchte: Ich setze mich zu den Leuten an einen Tisch, mit denen ich etwas zu tun haben möchte. Ich setze mich mit den Leuten an einen Tisch, wenn es um eine Sache geht, die uns gemeinsam betrifft.
Ein Tisch ist für mich ganz notwendig für ein Leben in Gemeinschaft mit anderen Menschen. Und schlimm wird es für mich da, wo man keine Tische mehr braucht. Viele Menschen scheinen keine Tische mehr zu brauchen. Sie haben keine Zeit oder keine Lust, sich mit anderen an einen Tisch zu setzen und gemeinsam zu essen oder zu erzählen. Darum geht man schnell an den Kühlschrank und ißt etwas

im Stehen, man geht an einer Pommesbude oder einem Würstchenstand vorbei und ißt im Weiterlaufen.
All das läßt sich auf unser Leben in der Familie beziehen, aber genauso auch auf die Gemeinde. Familienleben geht kaputt, wenn man keinen Tisch mehr braucht. Gemeinde geht kaputt, wenn man den Tisch des Herrn, den Altar, nicht mehr braucht. Wenn man nur kommt und geht, wie man will und mit den anderen nichts zu tun haben möchte.
Ganz anders erzählt es die Bibel. Immer wieder berichtet sie davon, daß Jesus mit den Menschen gefeiert, gegessen und getrunken hat: mit seinen Jüngern, aber auch mit den Außenseitern, die für die anderen Sünder waren. Und immer wieder heißt es in der Bibel, daß es bei Gott einmal so sein wird wie bei einem großen Fest, wo alle um einen Tisch versammelt sind. Und weil wir uns als Christen auf dieses Leben bei Gott freuen, darum feiern wir hier schon immer wieder dieses Mahl der Freude.
Ihr Kinder seid heute das erste Mal dazu eingeladen. Ihr gehört jetzt zu den Großen. So, wie ihr in der Familie größer geworden und aus dem Kindersitz herausgewachsen seid und am Tisch mit den Großen sitzt, so ist das jetzt auch in der Kirche. Ihr gehört nun zu dieser Gemeinschaft um den Altartisch, zu der uns Jesus einlädt, wo er sich uns schenkt.
Ich wünsche uns allen immer wieder gute Erfahrungen an den Tischen unseres Lebens: am Tisch in der Familie, am Tisch in der Schule, am Verhandlungstisch und am Tisch des Herrn hier in der Kirche, bis wir alle einmal zu Tisch sitzen im Reich Gottes.

Bittage

Fast in jedem Jahr werden irgendwelche besonderen Tage ausgerufen: der Tag des Baumes, der Tag des Kindes, der Weltspartag und wie sie alle heißen. Jedes Jahr auch gibt es – zumindest bei uns Katholiken – die drei Tage des Bittens, die Bittage.
Ist das überhaupt noch modern? Wir leben doch längst in einer Zeit, in der alles nach dem Wechselspiel von Leistung und Preis funktioniert. Man bittet doch eigentlich nicht mehr. Man zahlt – und bekommt etwas dafür. Damit ist auf beiden Seiten alles abgegolten. Warum dann noch jemand bitten?
Ich glaube, daß wir heutige Menschen sehr große Schwierigkeiten haben mit dem Bitten und damit auch mit dem Bittgebet. Dies zeigt sich für mich auf zweierlei Weise. Zum einen in der Weise: *Ich will nicht bitten.* Ich will mich doch nicht der Willkür anderer Menschen ausliefern. Ich will mich doch nicht klein machen, ich will mich nicht als Bittsteller erniedrigen lassen, der sich womöglich auch noch gefallen lassen muß, daß sein Antrag abgelehnt wird. Ich will unabhängig und frei sein. Lieber verzichte ich auf manches, als daß ich jemanden um Hilfe bitte. Dann könnte ich ja auch einmal um einen Gefallen gebeten werden. Aber wenn ich frei und unabhängig bin, dann brauche ich niemanden um etwas zu bitten und bin niemandem einen Dank schuldig.
Die andere Weise ist: *Ich kann nicht bitten.* Das sind die Menschen, die oft sehr unverschämt auftreten, die meinen, daß alles nach ihrer Pfeife zu tanzen habe. Leute, die es nie gelernt haben, »Bitte« und »Danke« zu sagen. Darum können sie es gar nicht. Sie nehmen und fordern nur – als ob das alles selbstverständlich wäre, als ob sich alles nur um sie drehen würde.

Nicht bitten wollen und nicht bitten können, das ist schlimm. Wer das nicht kann, dem fehlt etwas ganz Wesentliches. Aber wie kann man das lernen?
Bitten geht da am leichtesten, wo man sich weder überlegen noch unterlegen fühlt. Bitten geht dann leicht, wenn es keine Einbahnstraße bleibt. Wenn einer nur dauernd was von mir will, aber nie Zeit hat, wenn ich etwas von ihm will, dann werde ich meine Hilfeleistungen bald einstellen. Und wenn ich von anderen nur fordere, aber selbst nicht bereit bin zu helfen, dann werde ich bald allein auf weiter Flur dastehen.
Kinder lernen am leichtesten, »Bitte« und »Danke« zu sagen, wenn auch ihre Eltern zu ihnen »Bitte« und »Danke« sagen.
Bitten ist dann leicht, wenn ich mich als Partner fühlen kann.
Und wie ist das mit dem Bittgebet? Bin ich denn für Gott ein Partner?
Die einen sagen: Warum soll ich eigentlich bitten? Gott weiß doch sowieso schon alles.
Die anderen sagen: Ist das nicht eine Erniedrigung, wenn ich bei Gott bitten und betteln muß?
Ich glaube, daß recht verstandenes Bittgebet nicht erniedrigt und auch nicht überflüssig ist. Es bringt uns vielmehr in die Reihe. Wir entdecken, was uns fehlt. Und wir erkennen, daß all das, worum wir bitten, nicht von uns selbst getan werden kann. Bittgebet wäre aber falsch, wenn wir nun unsere ganze Verantwortung auf Gott abschieben würden, nach dem Motto: »Nun mach du mal ...«
In manchen Fürbitten scheint das allerdings oft so zu sein. Wir bitten um Frieden, um eine saubere Umwelt, um Mitmenschlichkeit und um sorgende Menschen für Einsame und Kranke – aber kein Wort fällt darüber, daß wir selbst auch mithelfen wollen.
Andere Bitten sind oft noch sehr egoistisch. Kleine Kinder beten so, weil sie es nicht anders können. »Lieber Gott,

mach, daß morgen die Sonne scheint und wir unseren Ausflug machen können.«

Als Erwachsene, denke ich, können wir nicht mehr so beten. Denn wir sind Partner, Gott und wir.

Ich kann nicht beten: »Lieber Gott, mach, daß ich morgen eine gute Prüfung schreibe« – wenn ich vorher nichts gelernt habe. Aber ich kann beten: »Gott, ich habe getan, was in meinen Kräften steht. Schenke du mir morgen Klarheit und Konzentration.«

Genauso beten wir ja um eine gute Ernte. Wir tun, was in unseren Kräften steht – aber Gott soll es gelingen lassen. Da stimmt das Verhältnis. Es gibt so vieles, was wir tun können – und das sollen wir auch tun. Und es gibt so vieles, was nicht in unserer Macht steht. Darum dürfen wir Gott bitten. Und in diesem Sinne bitten wir auch im Vaterunser: »Dein Wille geschehe, wie im Himmel, so auf Erden.«

Merken Sie, wie solches Bittgebet einen verändert? Es verbindet mich mit Gott. Es verbindet seinen Willen mit unserem Willen. Richtiges Bitten zwingt uns gewissermaßen dazu, nicht nur nach unseren Wünschen zu fragen, sondern vor allem nach Gottes Willen. Bestes Beispiel dafür ist immer noch Jesus am Ölberg. Er hat gebetet: »Wenn es nach mir ginge, dann laß diesen Kelch an mir vorübergehen. Aber nicht wie ich will, sondern wie du willst!«

Wenn wir so beten, dann bleibt unser Bitten nicht egoistisch, sondern es öffnet uns für Gott und die Menschen. Es macht uns weder überheblich noch unterlegen. Es macht uns zu Partnern Gottes. Es gibt uns die Kraft, so zu leben, als ob alles allein von uns abhinge. Und es gibt uns die Gelassenheit, so zu leben, als ob alles von Gott abhinge.

Bittage

Mt 7, 7–11

Wenn man an großen Wallfahrtsorten in die Nähe der Gnadenkapelle kommt, dann fallen einem schon auf dem Weg dorthin die vielen Votivtafeln auf. Menschen früherer und heutiger Zeit geben Zeugnis davon, daß ihr Gebet erhört worden ist. Diese Tafeln sind gewissermaßen der sichtbare Dank und die Freude darüber. Sie wollen die Nachkommenden ermutigen, genauso intensiv zu bitten. Da danken Leute dafür, daß sie einen Unfall überlebt haben, daß sie eine schwere Krankheit überstanden haben, daß ein lieber Mensch nicht gestorben ist, daß sie Feuer, Blitzschlag oder Hochwasser überlebt haben, daß ihre Ehe nicht in die Brüche gegangen ist oder daß aus ihren Kindern anständige Menschen geworden sind. Es ist oft erstaunlich, wie viele Menschen Erhörung gefunden haben.

Aber was ist mit denen, die scheinbar unerhört wieder weggegangen sind? Mit denen, die kein Wunder erlebt haben? Die sich genauso geplagt und genauso gebetet und gefleht haben?

Auf einer solchen Votivtafel steht etwas Merkwürdiges: »Dank, hl. Muttergottes, weil du mich 18 Jahre nicht erhört und mich durch die vielen Prüfungen und Täuschungen beten gelehrt hast.«

Das hat mich stutzig gemacht. Da bedankt sich jemand dafür, daß er *nicht* erhört worden ist! Meistens beklagen sich die Leute eher und fragen: Warum soll man dann eigentlich noch beten, wenn Gott meine Bitten doch nicht erfüllt?

Die Frage ist, glaube ich, wie wir unser Bittgebet wirklich verstehen.

Gott ist nämlich keine Behörde, keine Firma und kein Versandhaus. An die Behörde kann ich einen Antrag auf Zuschuß stellen. Der wird dann entweder angenommen oder abgelehnt. Bei einer Firma kann ich um Prozente handeln oder um einen Rabatt bitten. Und bei einem Versandhaus bestelle ich, und wenn ich bezahle, bekomme ich den gewünschten Artikel zugesandt.

Mit dem Beten ist das nicht so einfach. Ich kann und darf Gott zwar um alles bitten – aber ich muß ihm auch wirklich die Entscheidung überlassen wollen. Oft sehen wir halt nur unsere eigenen Wünsche. Das Kind bittet um Sonne, damit es morgen ins Schwimmbad gehen kann. Der Bauer bittet um Regen für seine vertrocknenden Felder. Und dann hagelt es – und der liebe Gott ist ein böser Gott, der sowieso nur macht, was er will.

Beten heißt: Gott die Entscheidung überlassen wollen – und nicht locker lassen. Wenn er also meine Bitte nicht gleich erfüllt, dann kann ich ihn doch fragen: Was willst du mir jetzt durch diese Entscheidung sagen?

Im Evangelium heißt es ja: »Bittet, dann wird euch gegeben! Suchet, dann werdet ihr finden!« *Was* gegeben und gefunden wird, wird nicht verraten.

»Klopft an, dann wird euch geöffnet!« Aber *was* hinter der Tür kommt, das wird uns nicht gesagt. Es muß ja nicht unbedingt das sein, was wir erwarten. Aber es heißt klar und deutlich, daß Gott denen, die ihn bitten, *Gutes* gibt. Darauf dürfen wir voll und ganz vertrauen. Es heißt nicht, daß Gott unsere Bitten genauso erfüllt, wie wir uns das vorstellen und wünschen.

Ist es denn nicht möglich, daß Gott unser Beten und Wünschen sehr genau hört – und es so erhört, daß es zu unserem Besten ist? Wer von uns weiß denn wirklich, ob es zu seinem Besten wäre, wenn dieser oder jener Wunsch wirklich in Erfüllung ginge?

Auch Eltern müssen ihren Kindern manchmal eine Bitte abschlagen, weil es so besser für sie ist. Warum nicht auch Gott?

Er wird jedem, der ihn bittet, auf alle Fälle *Gutes* geben.

Darauf können wir uns verlassen – und wenn es 18 Jahre oder länger dauert, bis wir das merken.
Nach 18 Jahren merkt der Mensch, der diese Tafel geschrieben hat, daß zwar sein Wunsch nicht erfüllt worden ist, aber dafür hat Gott ihm die Gabe des Gebetes geschenkt. Das ist doch etwas Gutes, oder?

(Ein Foto der genannten Votivtafel sowie Anregungen, die zu dieser Predigt geführt haben, finden sich in: Josef Griesbeck; »Sehen, was man sonst nicht sieht. Entspannen – nachdenken – beten«, München 1987, S. 99f.)

Christi Himmelfahrt (C)

Eph 1, 17–23

Diese Lesung scheint mir eher einen Zugang zum Fest Christi Himmelfahrt zu geben als die beiden anderen Erzählungen. Die Schilderungen, wie Jesus von einer Wolke in den Himmel gehoben wird, verleiten uns viel zu sehr dazu, uns das ganze Geschehen bildlich vorzustellen wie einen Aufzug oder einen Raketenstart. Und sie verleiten uns dazu, daß wir meinen: So, nun ist er weg. Jetzt kann alles weitergehen wie vorher.

Diese Lesung aus dem Epheserbrief gibt uns keine Beschreibung, *wie* die Himmelfahrt ausgesehen hat. Das ist auch unwichtig. Sie sagt uns dafür, *warum* Christus wieder zum Vater zurückgekehrt ist. Nämlich, damit allen klar wird, daß er wirklich der Herr ist. Er ist nicht ein besonders auserwähltes Geschöpf Gottes, sondern ihm gleich an Macht. Er ist das Haupt der Kirche und der Herr der Welt.

Nur – mit dieser Macht Christi ist es ein bißchen anders als mit der menschlichen Macht, wie wir sie erleben.

Wir erfahren, daß Macht etwas ist, was man sich nimmt. Manche Leute reißen die Macht an sich durch einen Putsch oder eine Revolution. Andere führen Kriege. Wieder andere schalten heimlich alle Gegner aus, bis sie selbst an der Spitze stehen: eines Landes, einer Regierung, einer Firma. Solche Macht ist gefährdet. Sie wird nur dadurch aufrechterhalten, daß man die anderen ohn-mächtig hält. Solche Macht nährt und braucht Furcht und den Gehorsam aus Angst und Schrecken.

Das ist nicht die Macht Jesu.

Macht kann einem Menschen auch angetragen werden oder abgetreten werden. Viele suchen heute wieder den starken Mann, den Führer, den Guru, das Idol. Solche Führer sind nur deshalb mächtig, weil sich ihre Anhänger und Gefolgsleute freiwillig selbst ohnmächtig gemacht haben. Weil andere ihr Denken, ihre Verantwortung und ihre Persönlichkeit aufgeben und dem Führer übertragen. Der soll alles machen – ich mache, was er sagt. Die Macht dieser Leute beruht auf dem blinden und unterwürfigen Gehorsam ihrer Anhänger.

Auch das ist nicht die Macht Jesu.

Jesu Macht, Gottes Macht ist anders. Gottes Macht ist vor allem gekennzeichnet durch Gewaltlosigkeit und Liebe. Er hat alle Macht – aber er nutzt sie nicht aus. Schon am Anfang des Johannesevangeliums heißt es von Jesus: »Er kam in sein Eigentum, aber die Seinen nahmen ihn nicht auf.« Jesus kommt nicht mit Gewalt. Er kommt da, wo man ihn einläßt. Darum heißt es dann auch weiter: »Allen aber, die ihn aufnahmen, gab er Macht, Kinder Gottes zu werden.« Jesu Macht ist eine Macht in Liebe. Durch Jesu ganzes Leben hat Gott gezeigt, daß er mächtig ist. Er hat die Macht, zu heilen und sogar Tote aufzuerwecken. Aber Gott wendet keine Gewalt an. Er setzt seine Macht nicht willkürlich ein, sondern nur da, wo sie gewollt wird und wo sie zum Heil dient. Darum fragt Jesus z.B. immer die Menschen: »Was soll ich dir tun?« – Jesus wirkt nur da, wo man ihn wirken läßt.

Um diese Macht Jesu zu bestätigen, nimmt Gott ihn wieder in den Himmel auf. Er macht ihn zu seiner rechten Hand. Er zeigt: Jesus und ich – wir sind eins. Was Jesus sagt und tut, ist dasselbe, was Gott sagt und tut.

So sieht seine Macht über die Welt aus. Unaufdringlich, liebevoll und kraftvoll da, wo man ihn wirken läßt.

Und in meinem persönlichen Leben gilt das ganz genauso. Jesus wirkt da, wo ich ihn wirken lasse. Er versklavt mich nicht durch seine Über-Macht, sondern er läßt mich frei und macht mich frei – sogar so frei, daß ich mich *gegen* ihn stellen kann. Er will mich nicht zu meinem Glück zwingen wie diejenigen, die alle Macht an sich reißen. Er will aber

auch nicht der starke Mann sein, der mir alles abnimmt und dem ich nur blind zu folgen brauche. Er will seine Macht dafür einsetzen, daß mein Leben gelingt. Und dazu braucht er mich. Dazu müssen wir Partner werden, Freunde. Wenn ich das glaube, dann kann Christi Himmelfahrt nicht das Ende der Geschichte sein, die Gott mit den Menschen geschrieben hat. Es ist nicht wie im Film *eine* Geschichte. Es ist *meine* Geschichte. Ich stehe nun vor der Frage, wessen Macht ich anerkenne: die oft gewalttätige und lieblose Macht der Mächtigen dieser Erde – oder die gewaltlose, liebevolle Macht Jesu.
Seine Macht ist eine Macht, die mir vertraut und etwas zutraut. Er macht nicht mit mir, was er will, sondern er will mit mir etwas machen – und er kann es, wenn ich ihn lasse. Seine Macht ist eine gute Macht.

Christi Himmelfahrt (A)

Mt 28, 16–20

Früher war es mancherorts Brauch, daß man an Christi Himmelfahrt eine Christusfigur in der Kirche zur Decke hinaufgezogen oder daß man die Osterkerze ausgeblasen hat. Ich bin eigentlich froh, daß man das nicht mehr tut. Denn bei allem Verständnis für solches Nachspielen – liegt darin nicht auch eine Gefahr? Die Gefahr, daß wir meinen, mit der Himmelfahrt sei Jesus eben weg und er habe nichts mehr zu melden?

Ich glaube, das Fest Christi Himmelfahrt ist für uns in doppelter Hinsicht ein Fest. Zum einen feiern wir, daß sich der Kreis im Leben Jesu geschlossen hat: Er kam von Gott und ging wieder zu Gott. Und wir glauben ja, daß dieser Weg auch unser Weg ist.

Zum andern feiern wir aber auch den Beginn von Kirche. Bis zu diesem Abschied Jesu gab es noch keine Kirche. Es gab nur den Jüngerkreis. Und der war selbst nach der Auferstehung noch so zweifelnd, so unsicher und ängstlich, daß daraus nie eine Kirche geworden wäre. Deshalb war diese Zeit bis zur Himmelfahrt Jesu so wichtig. Deshalb war es für die Jünger so wichtig, daß sie immer wieder Erfahrungen und Begegnungen mit dem auferstandenen Herrn hatten. Denn erst jetzt sind sie stark genug, um auch allein weiterleben und weiterarbeiten zu können.

Jesus läßt die Jünger allein und doch nicht allein. Denn er sagt ja, daß er bei ihnen ist – alle Tage. Aber er läßt die Jünger und seine zukünftige Kirche in einer gefährlichen Situation zurück.

Eine Gefahr ist, daß die Jünger nur zum Himmel starren. Das meint, daß wir Jesus nur noch für das Jenseits, für den Himmel gelten lassen – aber nicht für die Welt und ihre

Gesetze und Abläufe. Als hätte Jesus nichts mit Wirtschaft und Politik und sozialen Problemen zu tun. Dem widerspricht das Wort Jesu: »Mir ist alle Macht gegeben im Himmel und auf der Erde.«

Die andere Gefahr ist, daß die Kirche nun selbst nach dieser Macht strebt in dem naiven Glauben, daß das Reich Gottes erst dann kommt, wenn die Kirche überall am längeren Hebel sitzt.

Beides ist falsch. Damit es nicht dazu kommt, sind zwei Dinge notwendig, die uns auch das heutige Evangelium verrät: Anbetung und Sendung. Zuerst fallen die Jünger vor Jesus nieder. Auch wir benötigen immer wieder diese Haltung, daß wir uns klein machen vor ihm, ihn anbeten und uns von ihm verwandeln lassen.

Erst dann kann die Sendung fruchtbar werden. Auch in unserer Meßfeier kommt erst nach der Anbetung die Sendung: »Geht in Frieden, bringt den Frieden!«

Anbetung und Sendung. Das ist das Wesen und der Auftrag der Kirche. Denn für die Kirche gilt dasselbe wie für Jesus, von dem wir im Credo bekennen: »Er sitzt zur Rechten des Vaters.«

Wer die »rechte Hand« ist, der tritt ganz und gar für die Interessen und Anliegen desjenigen ein, der ihn zum engsten Vertrauten gemacht hat.

Christus ist die rechte Hand Gottes. In seinem Handeln zeigt sich Gott. Das bekennen wir im Credo. Die Kirche wiederum soll die rechte Hand Jesu sein. In ihrem Handeln soll sich das Handeln Jesu fortsetzen: »Geht hin und macht alle Menschen zu meinen Jüngern ... Werbt für mich, ladet sie ein und begeistert sie!«

Bei diesem Auftrag läßt Jesus seine Kirche nicht allein. »Ich bin bei euch alle Tage bis zum Ende der Welt.« Auch das ist ein gutes Wort. Jesus ist nicht in der Weise allgegenwärtig wie die großen und mächtigen Parteichefs, deren Bilder in jedem Büro an der Wand hängen und die einem Angst machen. Vor der Gegenwart Jesu braucht niemand Angst zu haben. Er will vielmehr bei uns sein auf ganz sanfte Art: Wie der gute Geist eines Menschen auch in seiner Abwesenheit spürbar sein kann, so soll der gute Geist Jesu auch in seiner Kirche spürbar sein.

Das klingt für viele sehr ideal. Leider ist auch in der Kirche oft nur wenig von Jesu gutem Geist zu spüren. Deshalb sagen manche sogar: Jesus – ja. Kirche – nein. Diese Spannung ist so alt wie die Kirche selbst. Davon und von dem Mut Jesus, uns Menschen sein ganzes Lebenswerk anzuvertrauen, erzählt schon eine uralte Legende:

Der Teufel wollte Jesus überreden, doch nicht am Kreuz zu sterben. »Die Kirche braucht dich auf Erden«, sagte der Teufel. »Wer soll denn predigen und heilen und die Gemeinde führen, wenn du nicht mehr da bist?« Jesus antwortete: »Ich habe schon ein paar Menschen dazu ausgewählt.« Doch der Teufel entgegnete: »Aber Petrus und Johannes werden das doch nie schaffen.« – »Nein«, sagte Jesus, »aber sie werden andere finden, die ihnen helfen werden. Und die werden wieder andere finden.« Doch der Teufel fragte: »Und wenn sie es nicht tun? Wenn ihnen die Lust vergeht und sie anfangen, untereinander zu streiten? Ist dein Plan, es mit den Menschen zu versuchen, nicht doch sehr riskant?« Jesus antwortete: »Sehr riskant sogar. Natürlich! Die Kirche könnte sogar daran scheitern. Aber einen anderen Plan habe ich nicht.«

Pfingsten

Zur Pfingstsequenz »Komm, Heil'ger Geist« (GL 241)

»Die Geister, die ich rief – ich werd sie nicht mehr los.« So stöhnt im Gedicht der Zauberlehrling, der den Zauberspruch vergessen hat. Und darum schleppen die Besen das Wasser so lange, bis es ihm bis zum Hals steht.

»Bist du denn von allen guten Geistern verlassen?« fragen wir, wenn jemand im Begriff ist, eine große Dummheit zu begehen.

»Ich bin der Geist, der stets verneint«, sagt Mephisto in Goethes Faust. Beispiele für Geist(er)erfahrungen, die wir auch heute noch machen. Es sind ungute Erfahrungen mit unguten Geistern. In mancher Hinsicht sind wir umgeben von Geistern, die zu allem Guten nein sagen. Von guten Geistern verlassen. Und manche Geister, die wir gerufen haben, werden wir nicht mehr los.

Den Zeit-Geist zum Beispiel. Es ist der Geist, der in der Meinung der Leute vorherrscht, der bestimmt, wie man heute denkt oder zu denken hat.

Da glauben viele Wähler und Politiker immer noch an den Geist des Wirtschaftswachstums. Als ob das alles immer so weitergehen könnte! Ein Ungeist, der uns irgendwann einmal die große Rechnung präsentieren wird. Und wenn nicht uns, dann unseren Nachkommen.

Immer mehr Leute glauben an den neuerwachten Geist des Nationalismus. »Deutschland, Deutschland über alles« – und der Rest der Welt kann uns gestohlen bleiben. Auch das ist ein Ungeist. Allerdings zeigt er sehr deutlich, wes Geistes Kind jemand ist. Wenn ich auf Plakaten lese: »Erst Deutschland, dann Europa« und ähnliche Sprüche, dann ist das für mich ein Zeichen, daß im großen wie im kleinen der Geist des Egoismus wirkt. »Erst ich – dann die anderen.«

Das ist ein Ungeist, der mit dem Geist Gottes nicht vereinbar ist.
Und immer mehr Menschen rufen tatsächlich vermeintliche Geister: durch Tischerücken, Gläserrutschen, Kartenlegen, Pendeln ... Und dann werden sie diese Geister nicht mehr los.
Sie werden verfolgt von diesen Ungeistern, die sie abhängig machen und in die Angst führen.
»Die Geister, die ich rief – ich werd sie nicht mehr los.«
Heute, an Pfingsten, rufen wir nach Gottes *Heiligem Geist.* Und wir müssen damit rechnen, daß wir ihn auch nicht so schnell wieder loswerden, wenn wir ihn einmal gerufen haben. Darum ist es gut, wenn wir uns erst einmal klarmachen, auf welchen Geist wir uns da einlassen. Was ist das für ein Geist? Woran kann man ihn erkennen und wie wirkt er?
Es ist ein Geist, der Leben schafft, der den Menschen zu einem guten und sinnvollen Leben verhilft. Er bewirkt, was dem Leben dient. Dieser Geist wird mit dem Atem Gottes verglichen, mit der Luft, die beim Sprechen ausströmt. Er bewirkt »in einem Atemzug« das, was Gott spricht. »Alles geschieht durch den Hauch seines Mundes«, sagt die Bibel über Gott.
Dieser Geist erfüllt die Menschen mit Kraft, er gibt ihnen den Mut, Gutes zu tun und die Wahrheit zu sagen. Auch – und gerade – dort, wo sonst nicht viel Gutes geschieht.
Es ist ein Geist, der wie Feuer wirkt, das den Menschen mit Leib und Seele entflammt, der die Liebe zu Gott und den Menschen aufglühen läßt, so wie man in die Glutreste eines Feuers nur hineinzublasen braucht, um es wieder neu zu entfachen.
Es ist ein Geist, der Böses abhält und Frieden schenkt, Frieden mit mir selber, mit meinem Nächsten und mit Gott. Es ist ein Geist, der mir den rechten Weg zeigt und mich auch darauf leitet.
Man sieht diesen Geist nicht direkt. Man spürt ihn nur an

seiner Wirkung. Man sieht ja auch den Wind nicht selber, sondern nur das, was er bewegt. Man kann auch Feuer nicht anfassen – und doch kann das Feuer alles in Brand setzen. Wie Sturm und Feuer wirkt dieser Geist Gottes. Er kann uns in Bewegung bringen und in Schwung. Er kann uns anfeuern, damit wir nicht einschlafen, sondern aktiv werden. Er kann uns trösten, aber auch verunsichern. Er kann uns aus dem gewohnten Trott werfen und uns auf die rechte Bahn bringen. Er kann laue Christen aufheizen und erhitzte Fanatiker wieder abkühlen.

Gottes Geist wirkt – verborgen und doch kraftvoll.

Die meisten von uns haben diesen Heiligen Geist einmal zugesprochen bekommen: bei ihrer Firmung. Wenn dieser Geist mit Sturm und Feuer zu vergleichen ist, dann muß man ehrlicherweise sagen: Bei vielen ist inzwischen der Ofen aus und die Luft heraus. Es tut sich nichts mehr. Vielleicht ist Pfingsten wirklich eine Chance, wieder neu um diesen Geist zu bitten. Aber Vorsicht! Wir müssen damit rechnen, daß er wirklich kommt. Wir müssen damit rechnen, daß das Konsequenzen hat. Wir müssen damit rechnen, daß wir ihn nicht so schnell wieder loswerden, wenn wir ihn erst einmal gerufen haben. Wir müssen uns entscheiden, wes Geistes Kind wir sein wollen: Kinder des Zeitgeistes – oder Kinder des Heiligen Geistes, der aus uns vielleicht sogar be-geisterte Heilige machen kann. Wollen wir wirklich ehrlich singen: »Komm, Heil'ger Geist ...«?

Pfingsten (A)

Joh 20, 19–23

Ich möchte heute ein wenig mit Ihnen darüber nachdenken, was das bedeutet, wenn Jesus seinen Jüngern den Heiligen Geist dadurch mitteilt, daß er ihnen seinen Atem ins Gesicht haucht.

Das Atmen ist uns von Natur aus gegeben. Es ist nicht steuerbar, es geschieht von ganz allein, daß wir atmen, genauso selbstverständlich, wie unser Herz schlägt. Wenn das nicht so wäre, könnten wir nicht leben.

Das Leben hängt am Atem. Wenn wir unter Atemnot leiden, verspüren wir Todesangst. Und wenn wir unseren letzten Atemzug getan haben, sind wir tot. Man hält einen Spiegel vor den Mund und schaut, ob sich darauf noch Hauch niederschlägt. Mit dem Atem hauchen wir unser Leben aus. Wenn wir sprechen, geschieht das, indem wir ausatmen. Der Atem, den wir loslassen, nimmt unsere Worte mit. Wer ein Blasinstrument spielt, weiß, wie der Atem ein Instrument zum Leben erwecken kann, wie man mit dem Atem auch der Musik Seele einhauchen kann.

Wenn ein kleines Kind hinfällt und sich das Knie aufschlägt, dann haucht die Mutter über die Wunde, haucht den Schmerz fort – und das Kind kann wieder laufen und spielen.

Als Gott den Menschen erschuf, sagt die Bibel, hauchte er ihm durch die Nase den Lebensatem ein. Das bedeutet: Wir atmen, weil wir Gottes Lebensatem in uns tragen. Unser Leben ist ein Teil von Gottes Leben, ein in-spiriertes Leben.

Und genau an diese uralte Schöpfungserzählung erinnert mich auch das heutige Evangelium. Jesus haucht die Jünger an und sagt dabei: »Empfangt den Heiligen Geist!« Er be-atmet sie neu, damit sie neu zu leben anfangen. Er be-geistet

sie mit Gottes Geist, damit sie be-geistert werden. Aus ihnen soll eine neue Schöpfung werden, so wie es am Anfang von Gott gedacht war.
Gott haucht dem Menschen seinen Geist ein, damit er als ein Abbild Gottes lebt. – Jesus haucht den Jüngern seinen Geist ein, damit sie in seiner Nachfolge leben.
Gott stattet den Menschen mit göttlicher Vollmacht aus: Alle Geschöpfe sind dem Menschen untertan; er hat das Recht, sie zu benennen, zu gebrauchen und zu bewahren. – Jesus gibt den Jüngern ebenfalls göttliche Vollmacht mit. Wem sie die Sünden nachlassen, dem sind sie nachgelassen, und wem sie nicht vergeben, dem ist nicht vergeben. Das alles geschieht *im Frieden.*
Wenn Jesus sagt: »Friede sei mit euch!«, dann benutzt er dafür das alte Wort »Shalom«. Shalom hat viele Bedeutungen: Heil, Wohlergehen, Gesundheit, Freude, Einklang und Harmonie mit Gott, mit den Menschen und allen Geschöpfen, Frieden mit sich selbst. Shalom – das war der Zustand im Paradies. Shalom – das ist das Wesen des Reiches Gottes, das Jesus immer wieder verkündigt hat. Shalom – das ist das Ziel unseres Lebens. Wenn Jesus also zu den Jüngern sagt: »Shalom mit euch«, dann stellt er den ursprünglichen Zustand wieder her, wie es am Anfang war.
Pfingsten ist also gewissermaßen eine neue Geburtsstunde für die Menschen und die ganze Schöpfung. Noch einmal wird uns der göttliche Lebensatem eingehaucht. So wie Gott den Menschen erschafft, indem er ihm seinen Lebensatem einhaucht, so wird hier gleichsam die Neuschöpfung des Menschen durch Jesus bildlich ausgedrückt. Die Jünger empfangen von Jesus den göttlichen Lebensatem, den Heiligen Geist.
Leiblicher Atem und göttlicher Atem hängen also für den biblischen Erzähler untrennbar miteinander zusammen. Wenn wir unser Atmen mit dem Atem des Heiligen Geistes in uns vergleichen, dann entdecken wir eine Menge Übereinstimmungen: Wir merken doch eigentlich nur dann,

daß wir atmen, wenn wir uns einmal Zeit nehmen zum Atemholen. Oder wenn wir ruhig werden wollen und ganz bewußt auf unseren Atem achten, ganz langsam und ruhig atmen.
Genauso ist es mit dem Heiligen Geist in uns: Wenn wir in Einklang mit uns, mit den Menschen und mit Gott leben wollen, wenn wir Shalom leben wollen, dann ist es auch gut, auf den Geist in uns zu achten, auf das, was er uns sagt und uns eingibt.
Wenn der Heilige Geist uns so nahe ist wie der eigene Atem, dann gibt es vielleicht auch so etwas wie geistige Atemnot, Asthma und Erstickungsgefahr, dann nämlich, wenn schlechtes Klima und Smog herrschen und der erfrischende Geist Gottes erstickt werden kann. Wenn uns dadurch die Lebenskraft schwindet, wenn wir keinen Sinn mehr sehen, dann müssen wir vielleicht auch ab und zu Luftkurorte aufsuchen, wo uns das Atmen leichterfällt, wo der Geist Gottes für uns spürbarer ist als in unserer gewohnten Umgebung. Wir müssen vielleicht manchmal inhalieren, wenn wir zu sehr verstopft und innerlich wund sind, um heil zu werden. Einkehrtage und Exerzitien sind solche Möglichkeiten, dem Heiligen Geist in uns wieder Raum zu geben.
Der Heilige Geist als Atem, als Lebensatem, der uns von Gott eingehaucht und geschenkt wird. Mir gefällt dieses Bild sehr gut. Und dann sagt mir das heutige Evangelium: Wir brauchen nicht nur den Geist, der uns in stürmische Begeisterung versetzt, sondern wir brauchen vor allem den Geist, der uns den nötigen langen Atem gibt, damit uns auf unserem Lebensweg nicht vorschnell die Luft ausgeht.

Dreifaltigkeitssonntag (B)

Dtn 4, 32–34.39–40; Röm 8, 14–17; Mt 28, 16–20

Der dreifaltige Gott, den wir heute feiern, ist in seinem ganzen Wesen *Befreiung*. Und *Befreiung* ist auch das Schlüsselwort zum Verständnis der drei Lesungen des heutigen Sonntags.

Gott befreit

In der ersten Lesung erinnert Moses sein Volk daran, wie es früher war. In Ägypten hat Israel die *totale Abhängigkeit* kennengelernt. Sie waren Sklaven, sie waren ganz der Willkür der Herrschenden ausgeliefert. Ihre Kinder wurden umgebracht; sie hatten kaum noch eine eigene Kultur und keinerlei Bewegungsfreiheit.
Aus dieser totalen Abhängigkeit hat Gott sie befreit. Das war *damals,* sagt Moses. *Heute* sollst du dich an dieses befreiende Handeln Gottes erinnern und *heute* sollst du dich in Freiheit für diesen Gott entscheiden – und für seine Gebote. Warum? – Damit es dir (heute) und später deinen Nachkommen gutgeht und du lange lebst.
Jeder Mensch will, daß es ihm gutgeht und daß er lange lebt. Das wünschen wir uns nicht nur zum Geburtstag. Und genau das will Gott auch. Er hat sein Volk dazu befreit, damit es frei und ohne Zwang für ihn leben kann und damit es ihm gutgeht.

Der Geist befreit

Fast genau dasselbe Thema hat Paulus in der zweiten Lesung. Er spricht auch von früher und jetzt. »Früher wart ihr Sklaven und habt in Angst leben müssen; in Angst vor euren Herren, vor euren Göttern, vor eurer Zukunft. Als Christen habt ihr den Geist der Freiheit bekommen. Ihr seid frei von der alten, sinnlosen Lebensweise. Ihr sollt nicht leben, wie jedermann lebt – einfach so dahin. Ihr sollt nicht Leute sein, die Gott folgen wie Knechte: widerwillig, lustlos und ängstlich, sondern als *freie* Menschen: Ihr seid doch Gottes Kinder! Ihr könnt zu Gott ›du‹ und ›Vater‹ sagen. Wenn ihr das verstanden habt und danach lebt, dann geht es euch gut. Dann seid ihr wirklich ganz frei und ganz mit Gott verbunden.«

Heute sagen mir manchmal Leute: »Uns geht es viel zu gut.« Und ich denke, diese Leute haben recht. Uns geht es zu gut – weil wir *Freiheit* verwechseln mit *X-Beliebigkeit.* Wir haben übersehen, daß Gottes Geist uns nicht befreit, damit wir tun und lassen können, was wir wollen, sondern damit wir einzig und allein an Gott gebunden sind und an nichts und niemand sonst.

Aber wir leben weitgehend so, daß wir uns an nichts mehr binden wollen. Das ist auch der Grund für das Verhalten vieler Leute, das die politische Gemeinde, die Vereine und die Pfarrgemeinde gleichermaßen beklagen: Man findet kaum noch einen, der sich binden will, der Verantwortung übernehmen will. Die meisten wollen nur noch frei sein *von allem* – und man übersieht dabei, daß Freiheit auch ein Ziel, eine Aufgabe braucht. So leben wir in einer Scheinfreiheit dahin, unterwerfen uns dafür freiwillig der Diktatur der Mode, der Freizeitindustrie, dem Video und dem Konsum – und merken es nicht einmal. Es machen ja alle so.

Den Preis dieser Scheinfreiheit werden wir in wenigen Jahren bezahlen. Die Kinder dieser scheinbar totalen Freiheit werden heute groß – und sie sind ein Opfer der X-Beliebigkeit, die uns so heilig geworden ist. Für mich ist es heute *die* Erbsünde, daß Eltern ihre Kinder – in scheinbarer Freiheit – sich selbst überlassen. Die Folgen sehen wir bereits in der Schule. Die Zahl der Kinder und Jugendlichen, die nach neun Jahren Unterricht immer noch nicht lesen und schreiben können, nimmt zu. Die Zahl der Kinder, die nichts mit sich anzufangen wissen, weil niemand mit ihnen etwas anzufangen weiß, nimmt zu. Wir brauchen nur mal am Nachmittag vor die Spielautomaten in unseren Kneipen zu schauen: erst Langeweile, dann Aggressivität, zuletzt Gewalt.

Das ist der Preis, der bezahlt werden muß, wenn Freiheit mit völliger Freizügigkeit gleichgesetzt wird. Der Preis der Freiheit, die sich an Gott bindet und an seine Gebote, ist, daß es einem gutgeht. *Heil* nennt das die Bibel.

Jesus befreit

Darum will Jesus, daß möglichst viele Menschen das Heil erben und nicht das Unheil. Darum sagt er: »Macht alle Menschen zu meinen Jüngern und tauft sie im Namen des Vaters und des Sohnes und des Heiligen Geistes.« Das heißt doch: »Macht die Menschen frei von allen unguten Zwängen und bindet sie an den befreienden Gott!«

Das meint Taufe und als getaufter Mensch zu leben: heraus aus der ererbten, sinnlosen Lebensweise und hinein in die Freiheit der Kinder Gottes!

Das griechische Wort für diese Lebensweise ist *anastrophe.* Dieses Wort gibt es in unserem Sprachgebrauch nicht – wohl aber das Gegenteil: die *Katastrophe.* Zwischen diesen beiden Lebensweisen können wir wählen.

Wenn wir weiterhin Freiheit mit X-Beliebigkeit verwechseln, dann steuern wir in die *Katastrophe.*

Wenn wir uns in Freiheit für Gott entscheiden, der sich schon längst für uns entschieden hat, wenn wir uns von seinem Geist frei machen lassen und uns an ihn binden, wenn wir uns von Jesus frei machen lassen von allen übrigen Herren und Mächten – dann wird es uns gutgehen, dann leben wir befreit und für andere befreiend. Das ist *Anastrophe.*

Wir können wählen. Wie sagt Moses?
»*Heute* sollst du erkennen und dir zu Herzen nehmen: Jahwe ist der Gott im Himmel droben und auf der Erde unten, keiner sonst. Daher sollst du auf seine Gesetze und seine Gebote achten, damit es dir und später deinen Nachkommen gutgeht und du lange lebst in dem Land, das der Herr, dein Gott, dir gibt für alle Zeit.«
Heute sollst du wählen und dich entscheiden für diesen Gott. Und wir wissen: Was du heute kannst besorgen, das verschiebe nicht auf morgen. Vielleicht ist es sonst schon zu spät.

Fronleichnam (A)

Joh 6,51–58

Viele Jahre lang war ich in meiner Heimatstadt Würzburg bei der Fronleichnamsprozession dabei; entweder in meiner Heimatpfarrei oder bei der großen Prozession durch die ganze Innenstadt.

Diese Prozession hat mich immer an eine Demonstration erinnert. Sie mußte angemeldet werden, der Verkehr wurde umgeleitet, die Straßen abgesperrt und die Polizei fuhr voraus und hinterher. Auch die Station am Residenzplatz glich manchmal einer Kundgebung. Und wie bei Demonstrationen gab es von Jahr zu Jahr mehr unbeteiligte Zuschauer, die sich mit Fotoapparat, Eis und »BILD am Sonntag« am Straßenrand eingefunden hatten. Es gab aber auch ein Jahr, da standen an der Augustinerkirche junge Leute mit Transparenten, die sie uns Prozessionsteilnehmern entgegenhielten. Darauf stand: *CHRISTEN???* Gemeint war die Frage: Nennt ihr euch nur Christen – oder seid ihr auch welche?

Ich denke, diese Frage ist wichtig – auch wenn der Stil damals nicht gut war. Wenn wir Fronleichnam feiern – wofür demonstrieren wir denn da? Was haben wir kundzutun? Wofür gehen wir eigentlich auf die Straße?

Es geht uns hoffentlich um mehr als nur darum, fromme Lieder vor uns herzuposaunen und einen Beitrag zur Folklore zu liefern. Ich denke, zuallererst bekennen wir uns zu unserem Herrn Jesus Christus, der höher steht als jede weltliche Ordnung. Und es ist ein Bekenntnis, wenn wir dafür auf die Straße gehen – in der Stadt auf jeden Fall. In ein paar Jahren vielleicht auch schon auf dem Land. Und spätestens dann ist es ein Bekenntnis, wenn mehr Leute am Straßenrand stehen als in der Prozession mitgehen.

Als zweites ist mir wichtig, daß wir das bewußt außerhalb

der Kirchenmauern tun. Wir zeigen damit, daß unser Glaube etwas ist, was sich im ganzen Leben abspielt. Unser Glaube hat auch etwas zu tun mit den Geschäften und Betrieben, in denen wir arbeiten; mit den Häusern, in denen wir leben, wo unsere Familien, unsere Kinder, Alten und Kranken sind. Wir gehen aus der Kirche heraus. Wir verändern einmal unseren Blickwinkel. Und vielleicht fragen wir uns auch, wo wir Christus noch überall hintragen müßten, damit unsere Gemeinden von seinem Geist durchdrungen werden.

Wir tragen Christus mit uns in der Gestalt des Brotes: Ihn, der sich mit Haut und Haar, mit Leib und Blut dafür eingesetzt hat, daß die Menschen zum wahren Leben finden; zu einem Leben, in dem Gott wirklich ihr Vater und die Menschen alle Geschwister sind.

Brot – das ist das Zeichen des gemeinsamen Mahles. Brot muß geteilt und miteinander gegessen werden.

Brot – das ist das Zeichen des geteilten Lebens. Immer, wenn es in unserem Leben Knotenpunkte gibt, feiern wir sie mit einem gemeinsamen Essen: Taufe, Geburtstag, Kommunion, Firmung, Hochzeit – selbst der Leichenschmaus gehört in diese Aufzählung.

Die Eucharistiefeier will nichts anderes sein als so ein Knotenpunkt, wo wir immer wieder miteinander zusammenkommen, Pause machen, uns von Jesus sagen lassen, wo es langgeht. Denn er will unser Leben teilen und sich uns mitteilen. Wenn wir ihn in der Gestalt des Brotes durch die Straßen tragen, dann heißt das: Ohne Jesus geht es für uns nicht. Ohne Jesus können wir nicht leben.

Und ein letzter Aspekt: Wir laufen mit. Als Mit-läufer zeigen wir, daß wir hinter Jesus und seinem Willen stehen. Wir gehen mit – als Gemeinde Jesu. Er geht mit uns und führt uns zum Ziel.

Fronleichnam (A)

Dtn 8, 2–3. 14–16a

Manchmal, wenn ich mit älteren Leuten zusammen bin und das Gespräch auf die Religion kommt, dann sagen sie zu mir: »Den Leuten heutzutage geht es viel zu gut. Deswegen braucht keiner mehr einen Herrgott.«

Ich habe da immer etwas zwiespältige Gefühle. An diesem Satz ist sicher etwas Wahres dran. Nämlich genau das, was Moses schon seinem Volk eingeschärft hat – wir haben es in der Lesung gehört: »Du sollst an den ganzen Weg denken, den der Herr, dein Gott, dich während der vierzig Jahre in der Wüste geführt hat ... Nimm dich in acht, daß dein Herz nicht hochmütig wird und du den Herrn, deinen Gott, nicht vergißt, der dich aus Ägypten, dem Sklavenhaus, geführt hat!«

Auch Moses hat schon vorausgeahnt, wie es wahrscheinlich kommen wird: Solange das Volk in Bedrängnis war in Ägypten, solange die Menschen die Strapazen der Wüstenwanderung ertragen mußten, solange war auch Gott für sie wichtig. Moses ahnt schon, daß nicht mehr viel von diesem Gottvertrauen übrigbleiben wird, wenn das Volk erst einmal im verheißenen Land ist. Wenn erst einmal Milch und Honig fließen, dann vergißt man leicht den, der einem das alles gibt. Da ist auch schnell vergessen, wie dankbar man noch war für das Manna und das Wasser aus dem Felsen, das Gott trotz allen Murrens geschenkt hat. Jetzt hat man ja alles im Überfluß und braucht Gott um nichts mehr zu bitten und für nichts mehr zu danken.

Geht es uns zu gut? – Das ist nicht die eigentliche Frage. Wenn Gott dem Volk Israel ein Land verheißen hat, in dem Milch und Honig fließen, dann hat er sicher nichts dagegen, daß es dem Menschen gutgeht.

Die Frage ist für mich eher: Haben wir, weil es uns gutgeht, Gott darüber vergessen? Ist unser Herz hochmütig geworden, daß wir nicht mehr daran denken, wie Gott uns geführt hat und was er für uns getan hat?
Und welche Art von Frömmigkeit versteckt sich dahinter, wenn sich zeigt, daß Menschen anscheinend Gott nur dann brauchen, wenn es ihnen schlechtgeht, und daß sie Gott anscheinend vergessen, wenn es ihnen gutgeht?
Das würde nämlich bedeuten: Auch, wenn es uns plötzlich wieder schlechter ginge, wäre das keine echte Hinwendung zu Gott, sondern letztlich nur eine religiös verkleidete Form von Egoismus. »Lieber Gott, mach, daß es mir wieder gutgeht!« Und wenn es mir dann gutgeht, dann ist der liebe Gott schnell vergessen.
Gegen dieses Denken erhebt das Fronleichnamsfest Einspruch. Fronleichnam – das ist das Fest des Leibes und Blutes Christi. Es erinnert uns an das, wovon wir leben. Fronleichnam – das kann uns davor bewahren, daß unser Herz hochmütig wird.
Wir verehren Jesus in der Gestalt des Brotes. Brot ist die Lebensgrundlage. Es mußte damals täglich gebacken werden als Brotfladen; man konnte davon keine Vorräte anlegen. Darum lehrt uns Jesus ja auch beten: »Unser *tägliches* Brot gib uns heute ...« Jeder Bissen Brot soll uns daran erinnern, daß wir unser Leben und unsere Nahrung, alles Lebensnotwendige Gott verdanken. Schon dieses Gebet, richtig gesprochen, bewahrt uns davor, Gott zu vergessen und hochmütig zu werden.
Und es bewahrt uns vor religiös verkleidetem Egoismus. Denn Jesus lehrt beten: »*Unser* tägliches Brot gib uns heute«, nicht *mein* tägliches Brot gib *mir* heute. Die Bitte um das tägliche Brot, um das, wovon ich lebe, schließt auch die anderen mit ein.
Darum ist es konsequent, daß Jesus Brot und Wein nimmt, um uns nahe zu sein. Brot und Wein, das sind die Grundnahrungsmittel, die sich auch im allerärmsten Haushalt ge-

funden haben. Das, wovon die einfachen Leute tagein, tagaus gelebt haben. Er nimmt nichts Außergewöhnliches, sondern das Gewöhnlichste und zugleich Notwendigste, um uns nahe zu sein.

Auch wenn es den Leuten gutgeht oder zu gutgeht; auch wenn wir zum Weißen Sonntag 50 oder 100 Kuchen und Torten backen und austragen: immerzu nur von Torten können wir nicht leben. Wir sind froh um das einfache Stück Brot.

Wenn Jesus sich uns in diesen unscheinbaren, alltäglichen und gewöhnlichen Gaben von Brot und Wein zu essen gibt, dann erinnert er an die alte Geschichte Israels. Jedes Brot, das wir essen, soll uns daran erinnern, über aller Sattheit Gott nicht zu vergessen. Jedesmal, wenn wir die Messe feiern, heißt es: »Tut dies zu meinem Gedächtnis! Vergeßt mich nicht!«

Jesus bindet sich an die Speise, an unser leibliches Bedürfnis, zu essen und zu trinken. Damit will er uns sagen: »So nötig braucht ihr Gott wie das tägliche Essen und Trinken. Darum denkt auch an ihn und an mich, wenn ihr eßt und trinkt.«

Wir könnten uns heute am Fronleichnamsfest auch einmal fragen, wie es bei uns bestellt ist mit der Kultur des Tischgebetes und der Tischgemeinschaft. Haben wir uns noch ein Gespür dafür erhalten, daß unser ganzes Leben mit Gott in Verbindung steht – oder essen und trinken wir gedankenlos?

Danken hängt mit Denken zusammen. Wer gedankenlos ißt und trinkt, wer gedankenlos lebt, der wird auch undankbar und egoistisch. Darum will Fronleichnam uns wieder neu einschärfen, nicht hochmütig zu werden, sondern immer an Gott zu denken und ihm zu danken.

Fronleichnam, das ist ein Fest, das uns vor der Sünde der Gott-Vergessenheit bewahren will – gerade dann, wenn es uns gutgeht.

Allerheiligen

Mt 5, 1–12a

»Jeder soll nach seiner Fasson selig werden.« Dieser Ausspruch des Alten Fritz, des Preußenkönigs, ist auch zum religiösen Motto von vielen Menschen in der heutigen Zeit geworden. Dennoch darf man fragen, ob diese Ansicht richtig ist.

Wir kennen bis heute viele Menschen, die eher anders gelebt haben: die Heiligen. Sie sind auf andere Weise selig geworden – nämlich nach der Fasson Jesu. Sie haben eine oder mehrere der Lebensformen verwirklicht, wie wir sie gerade in den Seligpreisungen gehört haben. Jesus will damit nicht sagen, daß ein heilvolles oder gelungenes Leben allein auf diese acht Lebensformen festgelegt ist. Er entwirft mit diesen Seligpreisungen vielmehr ein Bild, eine Vorstellung davon, wie Menschen sind, die sein Evangelium von der bedingungslosen Liebe Gottes zu uns verstehen. Die Seligpreisungen bezeichnen eher acht verschiedene Aspekte, die man im Leben eines wirklichen Christen entdecken kann.

Arme – das sind nicht nur die, die auf irgendeine Weise im Leben zu kurz gekommen sind. *Arme* – das sind auch all diejenigen, die sich nicht von Reichtum und Erfolg abhängig machen, sondern offenbleiben für das, was sie als Willen Gottes für ihr Leben erkannt haben – und das kann mitunter den Verzicht auf materielle Erfolge und Reichtümer bedeuten.

Als Trauernde leiden sie daran, daß es so viel Böses und Schmerzliches in ihrem eigenen Leben und in der Welt gibt. Weil sie sich nicht mit dem Ellbogen durchsetzen, gehören sie zu denen, die *keine Gewalt anwenden.* Sie machen zwar ihren Mund auf und sagen, was nicht recht ist. Aber sie verzichten auf alle Machenschaften und vertrauen darauf, daß

die Herzen der Menschen auch durch Geduld, Freundlichkeit und Festigkeit zu verändern sind.
Solche Menschen *hungern und dürsten nach Gerechtigkeit* – nicht nur für sich, sondern für alle Menschen. Sie hoffen darauf, daß es mit ihrem Einsatz und mit Gottes Hilfe einmal möglich sein wird, daß alle in Gerechtigkeit leben können. Weil sie selber erfahren haben, daß Gott zu ihnen barmherzig ist, leben solche Menschen auch ihren Mitmenschen gegenüber die Haltung der *Barmherzigkeit,* die nicht nur stur auf das Recht pocht, sondern auch mehr zugestehen kann.
Sie sind *reinen Herzens,* das heißt: ihre Absichten sind ohne Hintergedanken. Sie schwenken ihr Fähnlein nicht nach dem Wind und reden nicht mit gespaltener Zunge. Sie wissen, was es heißt, mit sich selbst einig zu sein und Frieden in sich zu haben.
Darum werden sie auch für den Frieden aktiv, sind *Friedensstifter.* Zuallererst im täglichen Umgang miteinander, wo sie versuchen, Mißverständnisse zu beseitigen und Konflikte friedlich und fair zu lösen. Dann auch über den eigenen Lebensbereich hinaus, wenn es darum geht, gesellschaftliche Probleme und politische Probleme mit friedlichen Mitteln zu lösen. Sie dulden es, wenn man sie *um der Gerechtigkeit willen* oder wegen ihrer religiösen Überzeugungen belächelt oder verständnislos stehen läßt – denn sie wissen, daß sie von Gott gehalten sind und nie im Stich gelassen werden.
Das sind die Maßstäbe, die Jesus für das Reich Gottes setzt, Maßstäbe, die für uns als Christen gelten und die uns nicht erlauben, nach unserer eigenen Fasson selig zu werden. Die Frage ist nur: Werden diese Maßstäbe Jesu ein großes Echo in unserer Welt finden? Werden diejenigen, die so leben, nicht hoffnungslos untergebuttert?
Möglicherweise. Aber ich glaube nicht, daß das schon als Ausrede gelten darf, bevor man es überhaupt ausprobiert hat. Denn immerhin zeigt uns der Blick auf die Heiligen,

daß es möglich ist. Und wenn wir uns im eigenen Lebenskreis umsehen, spüren wir genau, daß wir auch von solchen Menschen leben, die sich ernsthaft bemühen, diese Maßstäbe Jesu zu verwirklichen.
Und ich frage mich, ob es wirklich so abwegig ist, daß Jesus auch uns zutraut, nach diesen Maßstäben zu leben, auf diese Weise selig zu werden und andere selig zu machen.

Allerheiligen –
Friedhofsgang und Gräbersegnung

Jes 38, 10–12

Wenn für eine Frau die Schwangerschaft zu Ende geht und der Geburtstermin näherrückt, dann kehrt oft große Ruhe im Haus ein. Es ist vorgesorgt. Der Haushalt ist geordnet. Das Köfferchen steht fertig gepackt und griffbereit neben dem Bett. Das Auto ist ständig vollgetankt. Man ist darauf vorbereitet, von einem Moment auf den anderen aufzubrechen. Zwar kann man den Geburtstermin berechnen, aber dennoch bleibt eine Spur von Unsicherheit.

Wenn das mit dem Sterben auch so ginge! – Aber da kann man nichts vorausberechnen. Keiner weiß den Tag und die Stunde. Keiner weiß, wann die Hütte über ihm abgebrochen wird. Keiner weiß, wann der Teppich des eigenen Lebens fertiggewebt ist. Aber ist es gerade deshalb nicht notwendig, in Bereitschaft zu leben? Ist es nicht um so notwendiger, den eigenen Lebenshaushalt in Ordnung zu halten und den Koffer ständig gepackt zu haben?

Es ist jedenfalls uraltes christliches Lebenswissen, daß man alles üben muß – auch das Sterben. Darum sind die vielen kleinen Tode vor dem großen Tod so wichtig.

Wie gehe ich z.B. vom Tag in die Nacht, vom Wachen ins Schlafen? Man nennt den Schlaf auch »den kleinen Bruder des Todes«. Schlafe ich ein mit einem Gebet, mit einem Gedanken an Gott, damit ich nicht überrascht bin, wenn ich drüben aufwache?

Wie gehe ich von anderen Menschen fort? Jede Begegnung kann ja die letzte sein. Beende ich sie im Zorn oder im Frieden? Im Guten oder im Bösen? »Die Sonne soll über eurem Zorn nicht untergehen«, sagt Paulus einmal. Damit rät er uns, daß wir uns bis zum Abend wieder um Frieden bemü-

hen sollen. Denn wir wissen nicht, ob wir noch einmal Gelegenheit haben werden, Frieden zu schließen und einen Streit zu begraben.
Wie gehe ich fort von daheim, wie steige ich täglich in mein Auto? Hinterlasse ich Ordnung oder Unordnung? Welche Gedanken kommen mir bei der Vorstellung, daß ich mein Haus nie mehr betreten könnte?
Wahrscheinlich fällt das Sterben und das Sterbenlassen so schwer, weil vieles eben nicht geordnet ist. Ich selbst bin nicht in Ordnung und nicht bereit. Das Verhältnis zu vielen Menschen ist nicht in Ordnung und nicht geklärt. Und mein Verhältnis zu Gott ist auch nicht in Ordnung.
Wie ist das, wenn wir um eine gute Sterbestunde beten? Sind wir da auch bereit, *jetzt* schon Ordnung zu machen, aufzuräumen, Frieden zu schließen, uns selbst zu bereiten? Oder soll dieses Gebet nur alles verschieben auf ein »irgendwann«?
Wie leben wir eigentlich vor dem Tod auf den Tod hin? – Und wenn der Tod für uns eine neue Geburt ins ewige Leben hinein ist, dann stellt sich ja die Frage, wie wir auf die Begegnung mit Gott hin leben. Keiner von uns weiß ja, wann Gott unseren Umzugstermin festgesetzt hat: von der hiesigen in die ewige Wohnung. Keiner von uns weiß ja, wann er aus dem Webstuhl des Lebens herausgenommen wird, wann er fertiggewebt ist; ob mit fünf, mit zwanzig oder mit achtzig Jahren die Erntezeit da ist.
Wir leben doch, was die Zeit angeht, oft so, als ob es Gott nicht gäbe. Wir haben so wenig Zeit zum Leben, zum Lieben, zum absichtslosen Da-sein, zum Danken. Und wer sich dafür keine Zeit nimmt oder wem sie zu schade ist, der hat auch einmal keine Zeit zum Sterben.
Früher hat man beim Tod eines Menschen gesagt: »Er hat das Zeitliche gesegnet.« Das meint doch, daß ihnen ihr zeitliches Leben Segen gebracht hat, Ertrag und Ernte. Ein sauberes Muster im Teppich des Lebens. Einen geordneten Haushalt im Zelt des Lebens. Wer auch einmal so weit kom-

men möchte, daß er das Zeitliche segnen kann und es nicht verfluchen muß, der muß gelernt haben, Gott den Herrn seiner Zeit sein zu lassen. Der muß gelernt haben, auf den Tod hin zu leben und auf die neue Geburt in Gott hinein.
Denn sonst können wir den Tod nur so negativ sehen wie der Psalm am Anfang: Als Raub von Lebensjahren. Als Entfremdung von den Menschen. Als Aufhebung aller Beziehungen, als Abbruch und Ab-schneiden.
Wer aber auf Gott hin lebt, wer Gott den Weber seines Lebens sein läßt, der ist auch bereit, wenn Gott eines Tages die Schere ansetzt und sagt: »Du bist fertig. Dein Leben ist vollendet. Du bist herangereift für die ewige Ernte.«

Allerheiligen – Friedhofsgang und Gräbersegnung

Ps 49

In manchen Klöstern gibt es noch einen uralten Brauch. Ein älterer Mönch, der nichts mehr arbeiten kann, geht jeden Tag von Werkstatt zu Werkstatt und spricht den Vers von der Erinnerung an den Tod: »Achten wir genau auf uns selbst! Denn wir liegen im Sterben, wir liegen im Sterben, wir liegen im Sterben. Und denken wir an das Himmelreich!«

Wenn ich mir vorstelle, daß dieser Brauch bei uns eingeführt würde! Wenn tagtäglich im Auftrag des Chefs einer an unseren Arbeitsplatz käme und sagen würde: »Denk daran! Das, was du tust, ist entbehrlich und im Grund gar nicht so wichtig. Bald wirst du sowieso nicht mehr dasein, und dann macht das an deiner Stelle ein anderer genauso gut.«

Würde sich etwas ändern in unserem Verhalten, in unserem Denken? Würden wir vielleicht bewußter leben? – So, wie Menschen, die von einer schweren Krankheit genesen sind und nun jeden Tag als Geschenk erfahren?

Wir setzen uns eigentlich nur zweimal im Jahr dem Gedanken an den eigenen Tod aus: am Aschermittwoch, wenn wir gesagt bekommen: »Gedenke, Mensch, daß du Staub bist und zum Staub zurückkehrst!« Und ein weiteres Mal an Allerheiligen.

Jetzt im Moment sind wir unseren verstorbenen Angehörigen sehr nahe. Nur anderthalb Meter Erdreich trennen uns von ihnen. Eine kurze Entfernung. Und genauso nah sind wir ständig unserem eigenen Tod. Das sagt auch der Psalm: »Denn man sieht, Weise sterben; genauso gehen Tor und Narr zugrunde. Sie müssen andern ihren Reichtum lassen.«

Die Frage ist, wie wir mit dieser Gewißheit leben. Wir haben eigentlich nur zwei Möglichkeiten. Die eine ist:
Weitermachen, als ob es den Tod nicht gäbe.
Das tun immer mehr Menschen. Sie leben, als ob es ewig so weitergehen würde. An den eigenen Tod denken sie nicht, und der Tod eines Angehörigen wirft sie auch nur kurz aus dem gewohnten Trott. Wer aber den Tod nicht ernst nimmt, der nimmt auch Gott nicht ernst, der unser Leben in der Hand hat. Und wer Gott nicht ernst nimmt, der sucht sich andere Götter, die er an die Stelle Gottes setzt. Es gibt heute viele solcher Götzen: die Arbeit, den Besitz, das Auto, den Verein, das egoistische Vergnügen. Etwas an sich Gutes wird zu wichtig genommen und an die Stelle Gottes gesetzt. Und so wird es zum Götzen, zum Ersatz-Gott.
Dagegen sagt der Psalm:
»Laß dich nicht beirren, wenn einer reich wird und die Pracht seines Hauses sich mehrt, denn im Tod nimmt er das alles nicht mit. Preist er sich im Leben auch glücklich und sagt zu sich: ›man lobt dich, weil du dir's wohl sein läßt‹ – so muß er doch zur Schar seiner Väter hinab.«
Der Gedanke an den Tod kann uns aber auch zur Umkehr bewegen.
Das ist die zweite Möglichkeit. Er kann uns die Frage stellen: Was gibt denn meinem Leben Reichtum und Tiefe? Was macht denn mein Leben sinnvoll?
Für mich steckt der Sinn des Lebens in dem Satz Jesu: »Ich bin gekommen, damit sie das Leben haben und es in Fülle haben.«
Jesus will, daß wir das Leben in seiner ganzen Schönheit und Fülle erfahren – schon hier, nicht erst in der Ewigkeit.
Leben in Fülle – das heißt für mich nicht nur äußere Fülle; alles haben, was man so haben kann, essen und trinken, gut dahinleben. Fülle ist für mich mehr. Das sind Werte und Haltungen. Das heißt für mich auch: verstanden werden und andere verstehen. Lieben und geliebt werden. Etwas

Sinnvolles leisten. Anerkennung bekommen und Anerkennung geben, genießen und auch hergeben, schaffen und feiern, arbeiten und ausruhen, um zu danken.
Und ich möchte mein Leben dazu nutzen, daß auch die Menschen um mich herum in Fülle leben können. Daß das Leben für sie nicht zur Last, sondern zur Lust wird. Denn Gott hat uns zum Leben erschaffen.
Deswegen ist der christliche Glaube an das ewige Leben bei Gott für mich keine billige Vertröstung auf das Jenseits, sondern ein Auftrag:
Wenn es ein ewiges Leben für uns gibt, ein Leben *nach* dem Tod, dann ist es unsere Pflicht, das Leben *vor* dem Tod entsprechend zu leben. Denn wenn ich glaube, daß ich nach dem Tod ganz bei Gott sein werde, dann kann ich hier und jetzt nicht so leben, als ob es Gott nicht gäbe. Dann will ich auch hier und jetzt mit ihm und für ihn leben.
Darum hat der Mönch recht, wenn er jeden Tag mahnt: »Achten wir auf uns selbst! Denn wir liegen im Sterben, wir liegen im Sterben, wir liegen im Sterben! Und denken wir an das Himmelreich!«

(Anregungen zu dieser Predigt habe ich entnommen: Bernardin Schellenberger: »Nacht leuchtet wie der Tag. Glaubenserfahrungen«, Freiburg 1981, S. 11–27.)

Allerheiligen – Friedhofsgang und Gräbersegnung

Jes 43, 1–3a

»Ich habe dich beim Namen gerufen«, sagt Gott. Es ist etwas Schönes, beim Namen genannt zu werden. Das merken wir dann, wenn jemand uns nach Jahren noch kennt, wenn er unseren Namen nicht vergessen hat. Umgekehrt merken wir auch: Wer sich Namen gut merken kann, der findet schnell zu den Herzen der Menschen.
Wir freuen uns, wenn jemand unseren Namen kennt und nennt. Wenn der eigene Name in der Zeitung steht, sind wir stolz. Manche lächeln darüber. Aber das sind diejenigen, deren Name ohnehin schon bedeutend ist.
Wir haben einen Namen. Wir haben ihn nicht ausgewählt. Aber das sind wir. Und es ist schön, beim Namen genannt zu werden.
Wenn ich in eine neue Klasse komme, dann ist der Sitzplan mit den Namen wichtig für mich. Ich möchte mir möglichst schnell alle Namen einprägen. Und vor allem die Namen der Unauffälligen. Denn die Frechen und Vorlauten, die Eifrigen und die Höflichen, die merkt man sich sowieso schnell. Und so ist es auch im Leben. Die meisten machen sich keinen großen Namen. Und gerade für sie ist es wichtig, daß jemand ihre Namen kennt.
Dabei ist der Name mehr als nur eine Bezeichnung. Der Name – das bin ich. Mit meinem Namen stehe ich für das ein, was ich tue. Ich setze meine Unterschrift darunter. Ich schreibe meinen Namen auf Überweisungen, Dokumente, Anmeldungen, Briefe; auf mein Eigentum und unter mein Testament. Ich werde mit Namen aufgerufen, wo es um mich geht und mich keiner vertreten kann: schon bei der Taufe, bei der Firmung, bei der Hochzeit, bei Versammlun-

gen – vielleicht auch vor Gericht, wo es um mein Wort geht.
Jetzt stehen wir vor den Gräbern unserer Angehörigen, und auf den Grabsteinen stehen ihre Namen. Inzwischen kenne ich auch viele dieser Namen, obwohl ich die wenigsten dieser Menschen gekannt habe. Aber ich kenne diese Namen vom Totengedenken der Messe her. Da werden immer wieder diese Namen aufgerufen, obwohl die Menschen, denen dieser Name gehört, längst tot sind. Wir können das, weil unsere Namen von Gott nicht vergessen sind. Und wenn Gott unsere Namen nicht vergißt, dann vergißt er auch uns selber nicht.
Er hat uns einmal beim Namen gerufen – und seitdem sind wir da. Auch wenn wir gestorben sind, bleiben wir am Leben. Wir werden einmal auferstehen mit demselben Namen. Wir bleiben vor Gott die einmaligen Menschen, die wir jetzt schon sind. Er ruft uns sogar beim Vornamen. Er hat uns das »Du« angeboten, und er sagt »Du« zu uns.
Und so sagt er zu uns: »Ich kenne dich und ich mag dich. Dein Name hat bei mir einen guten Klang. Darum fürchte dich nicht, denn ich habe dich befreit. Ich habe dich beim Namen gerufen, du bist mein.«

(Nach einer Idee von Michael Graff: »Der Name der Rose«, in: Christ in der Gegenwart 34/88, S. 237 f.)

Ewige Anbetung

Als Kinder haben wir gelernt: Beten ist Sprechen mit Gott. Und so halten wir es auch meistens, wenn wir die Hände zum Gebet falten (oder lassen wir sie nur so über dem Bauch hängen?). Wir plappern munter drauflos, sagen unsere Sprüchlein auf – oft sind es auswendiggelernte Formeln – und wenn uns nichts mehr einfällt, dann hören wir mit dem Gebet auf.
Was ist das für ein sonderbares Gespräch, bei dem immer nur einer redet und niemals eine Antwort kommt?
Viele Menschen haben inzwischen das Beten aufgegeben, weil sie meinen, sie würden ins Leere sprechen. Der Gesprächspartner bleibe nicht nur unsichtbar, sondern hülle sich auch in Schweigen. Wenn man Beten so als Einbahnstraße sieht, sollte man es dann nicht besser aufgeben?
Ich denke, wir liegen falsch, wenn wir meinen: Erst müssen wir beten und dann muß Gott antworten. In Wahrheit ist es eher umgekehrt. Gott redet zuerst zu uns. Er spricht uns an in Ereignissen oder Menschen, die uns begegnen, durch Freuden und Sorgen, die uns widerfahren, durch das Wort der Heiligen Schrift genauso wie durch die Kritik eines Mitmenschen. Wer in alldem, was geschieht, den Anruf Gottes vernimmt, der fühlt auch sich zur Antwort aufgerufen. Und diese Antwort ist das Gebet. Gebet als aus-gesprochener Glaube an Gott, der überall gegenwärtig ist.
Aber um auf das zu hören, was Gott uns sagen will, müssen wir erst einmal still werden. Nur wer schweigt, kann etwas hören. Und gerade das fällt uns heute so unendlich schwer. Viele Menschen haben geradezu Angst vor der Stille. Man weiß nichts mehr mit ihr anzufangen. Manche Leute laufen mit Kopfhörern über den Ohren durch die Gegend, stellen

zu Hause ihre Anlagen auf volle Lautstärke oder lassen den ganzen Tag das Radio oder den Fernseher laufen. Die Dauerberieselung soll vor Stille und Einsamkeit bewahren. Und wenn das alles nichts hilft, dann greift man zum Telefon und führt endlose Gespräche. Andere flüchten in das Dauerpalaver in der Kneipe, um nur ja keinen Augenblick mit sich allein zu sein.
Ein großer Denker hat einmal gesagt: »Das Unglück des Menschen beginnt damit, daß er nicht mit sich allein in einem Zimmer sein kann.« Ich denke, da hat er recht. Daß viele Menschen heute nicht beten können oder sogar Angst davor haben, das liegt daran, daß sie es nicht mit sich und Gott allein aushalten.
Selbst im Gottesdienst stehen manche plötzlich hilflos da, wenn eine Stille eintritt, wenn gerade mal nichts gesungen oder vorgebetet wird. Die Stille wird als Leere empfunden, mit der man nichts anfangen kann, außer zu husten, zu schneuzen oder im Gesangbuch zu blättern. Die Stille als Chance zum persönlichen Gebet müssen viele erst wieder entdecken.
Wenn wir heute bei der Ewigen Anbetung vor dem ausgesetzten Allerheiligsten knien und beten, dann soll eigentlich nichts anderes geschehen, als daß wir Gott Antwort geben. Die Texte, die wir hören, rufen uns immer wieder in Erinnerung, was Gott für uns getan hat und was er zu uns gesprochen hat. Darauf antworten wir – ob wir aus dem Gesangbuch beten oder mit unseren eigenen Worten. Vielleicht gelingt es uns ja sogar, einmal ganz still zu werden vor Gott – wie jener Bauer, von dem der heilige Pfarrer von Ars berichtet:
Eines Morgens ging ein Bauer nicht gleich aufs Feld, sondern in die Kirche, die auf seinem Weg lag. Er setzte sich in eine Bank und vergaß sich dort vor Gott. Als er den ganzen Tag nicht mehr zu sehen war, suchte man ihn. Ein Nachbar fand ihn schließlich in der Kirche und fragte: Was machst du denn da so lange?

Der Bauer antwortete: Ich schaue Gott an, und Gott schaut mich an.
Einfacher und schlichter kann man es nicht ausdrücken, was Gebet und Anbetung meint: Ich schaue Gott an, und Gott schaut mich an.